Mathetrainer – Zahlenrätsel und Aufgaben für Schüler ab 12 Jahre

Übungen für Jugendliche aus Mathematik und Logik für den besseren Umgang mit Zahlen

Durch die Anwendung der Grundrechenarten der Mathematik wird die Basis für ein gutes Zahlenverständnis gelegt.
In diesem Buch finden Sie Zahlenrätsel in aufbauenden Schwierigkeitsgraden. Fünf Aufgabentypen fördern das Zahlenverständnis auf ganz eigene Weise.

Als weiterführende Literatur ist das Buch:
„1000 Rätsel aus Mathematik und Logik für Erwachsene und Denksportler: Die beliebtesten Zahlenrätsel und Logikrätsel von leicht bis extrem schwer"
ISBN: 9-783-741-225-543
zu empfehlen.

Carsten Richter

Mathetrainer – Zahlenrätsel und Aufgaben für Schüler ab 12 Jahre

Übungen für Jugendliche aus Mathematik und Logik für den besseren Umgang mit Zahlen

Bibliografische Information der Deutschen Nationalbibliothek:
Die Deutsche Nationalbibliothek verzeichnet diese Publikation in der Deutschen Nationalbibliografie; detaillierte bibliografische Daten sind im Internet über http://dnb.dnb.de abrufbar.

© 2018 Carsten Richter

Illustration: Carsten Richter

Herstellung und Verlag: BoD – Books on Demand, Norderstedt

ISBN: 9-783-746-091-983

Inhaltsverzeichnis:

<u>**Zahlenenlogicals**</u>

Finden Sie die richtigen Zahlenkombinationen. Bei den Aufgaben 1.01. bis 1.20. sind jeweils vier Ziffern gesucht. Die Aufgaben unter 1.21.-1.40. suchen fünf Ziffern und die Aufgaben 1.41.-1.60 verlangen sechs Ziffern. Zur Lösungsmenge gehören immer die ganzen Zahlen von 0-9.

Lösungsmenge: 0,1,…,8,9

Die Tipps zu den Aufgaben befinden sich auf der Seite 94.
Die Lösungen zu den Aufgaben befinden sich auf der Seite 97.

1.01. - 1.20. vierstellige Lösungen

1.01.
Die ersten drei Summanden ergeben die Zahl dreizehn.
Das Produkt der ersten und letzten Zahl ist sieben.
Die Summe der beiden letzten Zahlen ist fünf.

1.02.
Die zweite Zahl ist die Summe des linken und rechten Nachbarn.
Die Summe der beiden letzten Zahlen ist ein Vielfaches von drei.
Die vierte Zahl beträgt die Hälfte der zweiten Zahl.
An erster und dritter Stelle stehen zwei verschiedene Primzahlen.

1.03.
Die dritte Zahl ist die Differenz der ersten und letzten Zahl.
Die dritte Zahl ist die Summe und auch das Produkt der beiden ersten Zahlen.

1.04.
Die Summe der beiden mittleren Zahlen ist fünf.
Die letzte Zahl ist die Summe der anderen drei Zahlen.
Die dritte Zahl ist der Nachfolger der ersten Zahl.
Die ersten beiden Zahlen haben eine Differenz von null.

1.05.

Die zweite Zahl ist der Vorgänger der ersten Zahl.

Die letzte Zahl beträgt das Dreifache der Nachbarzahl.

Die erste Zahl ergibt mit dem Faktor zwei die dritte Ziffer.

1.06.

Die Zahl drei steht nicht neben den Zahlen sieben und vier.

Die Zahlen neun und sieben sind keine Nachbarn.

Die kleinste Zahl steht nicht an letzter Stelle.

1.07.

Alle Zahlen sind kleiner als sieben.

Die Zahl sechs hat keine gerade Zahl als Nachbarn.

Die letzte Zahl ist der Vorgänger einer anderen Zahl der Lösung.

Drei ist die Differenz der beiden mittleren Primzahlen.

Zwei benachbarte Faktoren ergeben die Zahl acht.

1.08.

Die letzte Zahl ist der Mittelwert der ersten und dritten Zahl.

Zieht man von der Summe aller vier Zahlen die letzte wieder ab errechnet man elf.

Die Summe der ersten beiden Zahlen ist sieben.

Die Zahl zwei hat keine gerade Zahl als Nachbarn.

1.09.

Die dritte Zahl ist um drei kleiner als die vierte Zahl.

Die Addition der ersten beiden Zahlen ergibt die zweite Zahl.

Alle vier Zahlen ergeben die Summe fünfzehn.

Die beiden letzten Zahlen ergeben die Summe dreizehn.

1.10.

Die erste Zahl ist eine Primzahl.

Die Zahlen neun und eins sind keine Nachbarn.

Die Zahl zwei steht nicht neben der Zahl eins.

Die Zahl sieben steht nicht neben der Zahl zwei.

Nicht nebeneinander stehen die Zahlen eins und zwei.

1.11.

Die Zahlen neun und null sind Nachbarn.

Die Summe der ersten und letzten Zahl ergibt die zweite Zahl.

Die Zahl fünf steht nicht neben den Zahlen null und vier.

1.12.

Die Summe der beiden ersten Zahlen ist fünf.

Die Zahl eins steht genau zwischen den Zahlen acht und vier.

Die Zahlen drei und acht stehen nicht neben der Zahl vier.

1.13.

Drei ist die Summe der beiden ersten Zahlen.

Das Produkt der beiden mittleren Zahlen ist vierzehn.

Das Produkt aller vier Zahlen ist null.

1.14.

Die zweite Zahl ist am höchsten.

Drei der vier Zahlen sind Primzahlen.

Die vierte Zahl ist am niedrigsten.

Die Differenz zwischen Nachbarzahlen ist immer drei.

1.15.

Alle vier Zahlen ergeben die Summe neunzehn.

Die zweite Zahl ist ein Vielfaches von drei.

Zwei ist die Summe der beiden letzten Zahlen.

Nur eine Zahl ist gerade.

1.16.

Die zweite Zahl beträgt das Dreifache der letzten Zahl.

Die erste Zahl beträgt die Hälfte der letzten Zahl.

Die vorletzte Zahl ist die Summe aus dem linken und rechten Nachbarn.

1.17.

Das Produkt der beiden mittleren Zahlen ist neun.

Die Summe der ersten und letzten Zahl ist fünf.

Die Summe aller Zahlen ist elf.

Das Quadrat der letzten Zahl ist fünfundzwanzig.

1.18.
Vierundachtzig ist das Produkt der vier Zahlen.
Die zweite Zahl ist der Nachfolger ihres rechten Nachbarn.
Die Differenz der zweiten und dritten Zahl ist die erste Zahl.
Die dritte Zahl ist ein Vielfaches von sechs.

1.19.
Acht ist die Summe der zweiten und vierten Zahl.
Die Zahl drei steht nur neben der Zahl sieben.
Die Summe der ersten und vierten Zahl ist vier.
Die Zahlen eins und neun sind Nachbarn.

1.20.
Die Summe aller Zahlen ist zwölf.
Alle Zahl sind gerade.
Benachbarte Zahlen sind immer ungleich.
Die letzte Zahl beträgt das Vierfache der Nachbarzahl.

1.21. - 1.40. fünfstellige Lösung

1.21.
Die mittlere Zahl ist die Summe der restlichen vier Zahlen.
Das Produkt aller fünf Zahlen ist größer als null.
Alle Zahlen sind gerade.

1.22.
Einundzwanzig ist die Summe der letzten drei Zahlen.
Das Produkt der dritten und vierten Zahl ist sechsunddreißig.
Die Summe der ersten drei Zahl ist sechzehn.
Sieben ist die Summe der ersten und dritten Zahl.
Nachbarn sind immer ungleich.

1.23.

An erster Stelle steht der Vorgänger der letzten und der Nachfolger der dritten Zahl.
Die Summe der letzten drei Zahlen ist sechzehn.
Neun ist die Summe der ersten drei Zahlen.
Zieht man die fünfte von der vierten Zahl ab errechnet man die mittlere Zahl.

1.24.

Die Zahl null steht nicht neben den Zahlen zwei und sechs.
Die Zahlen acht und neun sind keine Nachbarn.
Die Zahl sechs steht nicht neben den Zahlen neun und null.
Die höchste Zahl steht rechts neben der niedrigsten Zahl.
Die Zahl zwei steht nicht neben den Zahlen sechs und acht.

1.25.

Das Produkt der drei mittleren Zahlen ist dreißig.
Die Summe der zweiten und letzten Zahl ist vierzehn.
Die Differenz der beiden letzten Zahlen ist sechs.
Die Summe der beiden ersten Zahlen ist fünf.

1.26.

Die Summe der drei ersten Zahlen ist siebzehn.
Zwölf ist die Summe der mittleren und letzten Zahl.
An letzter Stelle steht ein Vielfaches von fünf.
Der Vorgänger der ersten Zahl steht nicht an zweiter Stelle.
Die Zahl vier steht nicht neben ungeraden Zahlen.

1.27.

Der Vorgänger der mittleren Zahl steht an erster Stelle und ist nur einmal
vorhanden.
Die höchste Zahl steht in der Mitte.
Die drei mittleren Zahlen ergeben das Produkt zweiundvierzig.
Die letzten vier Zahlen ergeben die Summe siebzehn.
Die zweite Zahl ist der halbe Teil einer Nachbarzahl.

1.28.
Bei jedem benachbarten Zahlenpaar ist die rechte Zahl größer.
Die Summe aller fünf Zahlen ist fünfunddreißig.
Jede Zahl ist nur einmal vorhanden.

1.29.
Das Produkt der beiden letzten Zahlen ist fünfzehn.
Sieben ist die Summe der ersten und letzten Zahl.
Die Summe der drei ersten Zahlen ist dreizehn.
Das Dreifache der zweiten Zahl ist der Nachfolger der vierten Zahl.

1.30.
Zehn ist die Summe der drei letzten Zahlen.
Das Produkt der mittleren und fünften Zahl ist eins.
Die Summe der drei ersten Zahlen ist neunzehn.

1.31.
Zwei benachbarte Zahlen haben immer die Differenz null.
Fünfzehn ist die Summe aller Zahlen.

1.32.
Der Nachfolger der letzten Zahl steht an erster Stelle.
Wenn man die zweite Zahl von der Summe aller Zahlen abzieht erhält man fünfzehn.
Die Summe der letzten beiden Zahlen ergibt die erste Zahl.
Die Summe der drei ersten Zahlen ist siebzehn.
Das Dreifache der ersten Zahl steht an dritter Stelle.

1.33.
Die Summe der drei mittleren Zahlen ist acht.
Acht ist die Differenz der beiden ersten Zahlen.
Die letzte Zahl ist der Vorgänger der ersten Zahl.
Die Summe der ersten zwei Zahlen ist zehn.
Die Zahlen drei und acht sind Nachbarn.

1.34.

Die Summe der beiden ersten Zahlen entspricht dem Produkt der zwei letzten
Zahlen.
Einundzwanzig ist das Produkt der beiden ersten Zahlen.
Alle Zahlen zusammen ergeben Die Summe siebzehn.
Die letzte Zahl ist der Vorgänger der zweiten Zahl.

1.35.

Siebzehn ist die Summe der letzten drei Zahlen.
Das Produkt zwölf errechnet sich durch die zweite und dritte Zahl.
Die Summe sechs ergibt sich aus der ersten und letzten Zahl.
Vierzehn ist die Summe der beiden letzten geraden Zahlen.

1.36.

Die Zahlen eins und neun sind Nachbarn.
Rechts neben der Zahl eins steht die Zahl sieben.
Die Zahl acht steht zwischen den Zahlen neun und vier.

1.37.

Die Summe der beiden ersten Zahlen entspricht der letzten Zahl.
Alle Zahlen ergeben die Summe fünfundzwanzig.
Die Summe der dritten und vierten Zahl ist sieben.
Die mittlere Zahl ist um zwei kleiner als die erste Zahl.
Die zweite Zahl entspricht dem Doppelten der ersten Zahl.

1.38.

Die Zahl eins steht nicht neben der Zahl sieben.
Die erste Zahl ergibt die Subtraktion der vierten von der zweiten Zahl.
Zehn ist die Summe der zweiten und vierten Zahl.
Die Zahlen eins und fünf sind keine Nachbarn.
Die erste Zahl ist der Nachfolger der vierten Zahl.

1.39.
Acht ist die Summe der beiden ersten Zahlen.
Die erste und die letzte Zahl haben eine Differenz von zwei.
Vierzehn ist die Summe der drei mittleren Zahlen.
Alle Zahlen sind Primzahlen.
Die letzten beiden Zahlen haben eine Differenz von drei.

1.40.
Die Summe der drei letzten Zahlen ist fünf.
Drei ist die Differenz zwischen der ersten und der mittleren Zahl.
Die erste und vorletzte Zahl haben eine Differenz von sieben.
Alle Zahlen ergeben die Summe einundzwanzig.
Die vorletzte Zahl ist ein Vielfaches von den Zahlen drei und zwei.

1.41-1.60 sechsstellige Lösung

1.41.
Die Zahlen sechs und sieben sind keine Nachbarn.
Die letzte Zahl ist die Summe der ersten beiden Zahlen.
Die beiden mittleren Zahlen ergeben das Produkt zwölf.
Primzahlen sind keine Nachbarn.
Die drei ersten Zahlen ergeben das Produkt einundzwanzig.

1.42.
Die Zahlen sechs und fünf sind keine Nachbarn.
Die Zahlen eins, sechs und fünf stehen nicht neben der Zahl sieben.
Die erste Zahl ist der Vorgänger der letzten Zahl.
Die Zahl null steht nicht neben den Zahlen acht und fünf.
Die Zahl fünf steht nicht neben den Zahlen eins und sechs.
Neben den Zahlen fünf und acht steht nicht die Zahl eins.
Sechs und null sind keine Nachbarn.
Die Zahlen sechs und acht sind keine Nachbarn.

1.43.
Die erste Zahl beträgt die Hälfte der letzten Zahl.
Die Summe der dritten und fünften Zahl ist vier.
Die Summe der drei letzten Zahlen ist siebzehn.
Dreizehn ist die Summe der zweiten und dritten Zahl.

1.44.
Die letzte Zahl beträgt das Doppelte der ersten Zahl.
Alle Zahlen ergeben die Summe dreiundzwanzig.
Die fünfte Zahl hat den doppelten Wert der Nachbarzahl.
Die Summe der beiden mittleren Zahlen ist sechs.
Die erste Zahl beträgt das Doppelte der dritten Zahl.

1.45.
Das Produkt der vierten und letzten Zahl ist sieben.
Alle sechs Faktoren ergeben null.
Die Summe der ersten beiden Zahlen und der vierten Zahl ist neunzehn.
Sechs ist die Summe der beiden mittleren Zahlen.

1.46.
Die vierte Zahl ist die Summe der zweiten und dritten Zahl.
Vierzehn ist die Summe der letzten drei Zahlen.
Die zweite Zahl ist der Nachfolger der dritten Zahl.
Die letzte Zahl zeigt die Differenz der ersten beiden Zahlen.
Die ersten vier Zahlen sind Primzahlen mit der Summe siebzehn.

1.47.
Die Zahlen drei und sechs sind keine Nachbarn.
Nachbarn sind immer ungleich.
Die Zahlen an zweiter, dritter und vierter Stelle ergeben die Summe neunzehn.
Das Produkt der drei letzten Zahlen ist fünfundzwanzig.

1.48.
Die Zahl zwei steht nicht neben den Zahlen sieben, sechs, eins und neun.
Zehn ist die Summe der beiden mittleren Zahlen.
Die dritte und letzte Zahl ergeben die Summe sieben.
Das Produkt der zweiten und letzten Zahl ist null.

1.49.

Die Zahl null steht zwischen den Zahlen vier und zwei.
Die Zahlen an erster und letzter Stelle ergeben das Produkt fünfzehn.
Die fünfte und vierte Zahl haben eine Differenz von drei.
Einundzwanzig ist das Produkt der beiden letzten Zahlen.

1.50.

Die letzte Zahl beträgt das Dreifache der ersten Zahl.
Der Vorgänger der dritten Zahl steht an fünfter Stelle.
Die erste Zahl beträgt das Doppelte der Nachbarzahl.
Die Summe der letzten vier Zahlen ist einundzwanzig.
Die Differenz der zweiten und dritten Zahl ist fünf.

1.51.

Sechs ist die Differenz zwischen der ersten und der letzten Zahl.
Die Zahlen fünf und eins sind keine Nachbarn.
Zehn ist die Summe der beiden mittleren Zahlen.
Dreißig ist das Produkt der drei letzten Zahlen.
Die beiden mittleren Zahlen haben eine Differenz von sechs.

1.52.

Acht ist die Summe der beiden letzten Zahlen.
Nachbarn sind immer ungleich.
Vierunddreißig ist die Summe der vier mittleren Zahlen.
Die Summe der drei ersten Zahlen ist vierundzwanzig.

1.53.

Das Produkt der beiden mittleren Zahlen ist fünfundzwanzig.
Fünfunddreißig ist das Produkt der drei letzten Zahlen.
Fünf ist die Differenz der zweiten und dritten Zahl.
Neun ist das Produkt der ersten und letzten Zahl.

1.54.
Sechzehn ist die Summe der drei ersten Zahlen.
Sechzehn ergeben die Summanden an vierter, fünfter und sechster Stelle.
Die erste Zahl beträgt das Doppelte der vierten Zahl.
Die Summe der beiden letzten Zahlen ist zwölf.
Elf ist die Summe der beiden ersten Zahlen.
Die fünfte Zahl ist der Nachfolger der vierten Zahl.

1.55.
Die Zahl eins steht nicht neben den Zahlen sieben und fünf.
Die Zahlen fünf, neun und eins stehen nicht neben der Zahl acht.
Neben der Zahl neun stehen die Zahlen sieben und fünf nicht.
Fünf ist die Differenz zwischen der ersten und vierten Zahl.
Die Zahlen neun und null stehen nicht neben der Zahl sieben.
Neben der Zahl null stehen nicht die Zahlen neun und fünf.
Neben der Zahl fünf stehen nicht die Zahlen eins und neun.

1.56.
Sieben ist die Summe der beiden mittleren Zahlen.
Die fünfte Zahl beträgt die Hälfte der sechsten Zahl.
Sechs ist die Differenz der dritten und letzten Zahl.
Die erste Zahl ist der Nachfolger der fünften Zahl.
Die ersten drei Primzahlen ergeben die Summe vierzehn.

1.57.
Die beiden letzten Zahlen ergeben die Summe dreizehn.
Alle Zahlen ergeben die Summe vierunddreißig.
Die erste Zahl beträgt die Hälfte der letzten Zahl.
Zwanzig ist die Summe der drei ersten Zahlen.
Die Differenz der fünften und letzten Zahl ist fünf.

1.58.
Die Summe der drei ersten Zahlen ist acht.
Neun ist die Differenz der vierten und zweiten Zahl.
Einundzwanzig ist die Summe der drei letzten Zahlen.
Siebenundzwanzig ist das Produkt der ersten und letzten Zahl.

1.59.
Zwischen den Zahlen zwei und eins steht die Zahl vier.
Die Zahlen eins und null sind Nachbarn.
Die Zahl acht steht zwischen den Zahlen null und fünf.
Die letzte Zahl beträgt das Doppelte der Nachbarzahl.

1.60.
Die beiden mittleren Zahlen ergeben die Summe sieben.
Die Zahlen null und zwei sind keine Nachbarn.
Die dritte Zahl ist der Nachfolger der zweiten Zahl.
Die fünfte Zahl beträgt das Dreifache der zweiten Zahl.
Die Summe der drei ersten Zahlen ist zehn.
Die Summe der vier mittleren Zahlen beträgt fünfzehn.

<u>**2. Textformeln**</u>

Finden Sie die gesuchten Zahlen. Bei den Aufgaben 2.01. bis 2.20 ist eine Variable gesucht. Zwei Variablen sind bei den Aufgaben 2.21. bis 2.40. gesucht. Die Aufgaben 2.41. bis 2.60. beinhalten drei Variablen.

Zur Lösungsmenge gehören die ganzen Zahlen.

Die Tipps zu den Aufgaben befinden sich auf den Seiten 94 und 95.
Die Lösungen zu den Aufgaben befinden sich auf der Seite 97.

2.01.-2.20. Gesucht ist eine Variable.

2.01.
Das Doppelte einer Zahl ergibt den Nachfolger der Zahl sieben.

2.02.
Die Hälfte einer Zahl ist die Summe aus sieben und fünf.

2.03.
Ziehen Sie von einer Zahl ihre Hälfte ab. So errechnen Sie die Differenz aus neun und drei.

2.04.
Eine Zahl ist die Differenz aus zehn und dem Nachfolger von zehn.

2.05.
Ziehen Sie eine Zahl vom Ergebnis der Faktoren vier und sechs ab. Sie errechnen somit neunzehn.

2.06.
Das Dreifache einer Zahl entspricht der Summe aus zwei und dem Produkt der Faktoren eins, fünf und zwei.

2.07.

Das Produkt des Vorgängers und Nachfolgers einer Zahl ergibt das Siebenfache der Zahl neun.

2.08.

Ziehen Sie vom Vorgänger der Summe der Zahlen elf und sieben eine Zahl ab, so errechnen Sie das Doppelte der Zahl zehn.

2.09.

Die Summe aus einer Zahl und dem Doppelten dieser Zahl ergibt fünfzehn.

2.10.

Halbieren Sie eine Zahl und addieren Sie zu diesem Ergebnis eins hinzu. Sie errechnen die Differenz aus den Zahlen minus drei und acht.

2.11.

Das Produkt aus einer Zahl und vier ergibt das Ergebnis der Summanden zwanzig und achtundzwanzig.

2.12.

Die Differenz einer Zahl und der Zahl fünf entspricht der Summe der Zahlen eins und neun.

2.13.

Addieren Sie minus sechs und minus vier zusammen und errechnen Sie das Produkt aus einer Zahl und zwei.

2.14.

Die Hälfte der Summe aus den Zahlen sechs, zwei und minus vier ergibt mit einem anderen Faktor das Produkt zweiunddreißig.

2.15.

Das Dreifache der Hälfte einer Zahl ergibt einundzwanzig.

2.16.

Multiplizieren Sie das Vierfache einer Zahl mit der Hälfte dieser Zahl. So errechnen Sie zweiunddreißig.

2.17.
Die Summe aus einer Zahl und dem Dreifachen dieser Zahl ergibt genau diese Zahl.

2.18.
Ziehen Sie von einer Zahl die Zahl dreizehn ab. Sie errechnen damit die Summe aus zehn und minus fünf.

2.19.
Das Doppelte der Differenz aus einer Zahl und fünf ist acht.

2.20.
Das Doppelte der Hälfte einer Zahl entspricht der Differenz der Zahlen zwanzig und vierzig.

2.21.-2.40 Gesucht sind zwei Variablen.

2.21.
Halbieren Sie die Hälfte einer Zahl a und errechnen Sie so die Summe der Zahlen drei und b. Das Fünffache der Zahl b entspricht der Hälfte einer Zahl a.

2.22.
Bilden Sie die Summe aus den Zahlen b, fünf und a. Sie errechnen das Doppelte der Zahl b. Den dritten Teil von neun errechnen Sie beim Addieren der Zahlen a und b.

2.23.
Das Produkt der Zahlen a und b ist minus zwanzig. Versechsfachen Sie das Doppelte der Summe der Zahlen a und b. Dies entspricht dem Produkt der Zahlen a und minus drei.

2.24.
Durch das Halbieren des Dreifachen der Zahl b errechnen Sie die Zahl a. Multiplizieren Sie die Differenz der Zahlen a und b mit minus eins um minus sechs zu errechnen.

2.25.

Ziehen Sie von b die Zahl a ab um das Produkt der Zahlen minus a und drei zu errechnen. Um das Produkt aus a und minus eins zu errechnen müssen Sie nur die Zahlen b und a addieren.

2.26.

Ziehen Sie von der Hälfte der Zahl b ein Drittel der Zahl a ab. Das Ergebnis ist null. Dieses Ergebnis errechnen Sie ebenfalls beim Addieren der Zahlen a und siebenundzwanzig.

2.27.

Die Hälfte des Produktes aus minus a und fünf ergibt die Summe aus b und minus vier. Der Nachfolger des Produktes der Zahlen minus zwei und a ist b.

2.28.

Multiplizieren Sie die Summe der Faktorenpaare a und minus drei und fünf und minus b mit minus zwei. Sie errechnen so die Summe aus b und einundzwanzig. Die Summe aus den Zahlen minus a, b, vier und minus zwei ergibt b.

2.29.

Die Summe aus den Zahlen b, fünfzehn und minus a entspricht der Zahl a. Das Doppelte dieses Ergebnisses errechnen Sie bei der Multiplikation der Summe aus den beiden Zahlen b und minus eins mit der Zahl minus eins.

2.30.

Addieren Sie zum Doppelten der Zahl a vier hinzu. Sie errechnen den Vorgänger des Produktes aus den Zahlen b und drei. Ziehen Sie von neun die Zahl b ab um den Vorgänger der Zahl a zu errechnen.

2.31.

Verdoppeln Sie den Nachfolger der Zahl b um das Doppelte vom Drittel des Produktes der Faktoren acht und a zu errechnen. Der Nachfolger vom Doppelten der Zahl a entspricht der Zahl b.

2.32.

Verdoppeln Sie den Nachfolger der Zahl a und Sie errechnen das Produkt aus minus eins und b. Zwei ist die Summe der Zahlen a und b.

2.33.

Verdoppelt man das Doppelte der Zahl a errechnet man die Zahl b. Addieren Sie die Zahlen a und b um das Fünffache der Zahl a zu errechnen.

2.34.

Die Hälfte der Summe aus den Summanden minus fünf, a und drei entspricht dem Doppelten der Zahl b. Das Doppelte des Vorgängers der Zahl b entspricht der Zahl a.

2.35.

Das Dreifache der Summe der Zahlen drei, a und b beträgt dreiunddreißig. Verdoppeln Sie die Zahl minus a und Sie errechnen den Vorgänger der Hälfte der Zahl b.

2.36.

Die Hälfte der Zahl minus acht ergibt in Summe mit einem Drittel der Zahl b die Zahl a. Das Produkt aus den beiden Faktoren sechs und drei ergibt mit der Zahl a die Summe b.

2.37.

Wenn Sie von fünf die Zahl a abziehen errechnen Sie die Zahl b. Ziehen Sie von minus neun die Zahl minus a ab errechnen Sie b.

2.38.

Ziehen Sie die Zahl b von der Summe der Zahlen a und zwanzig ab. Sie errechnen so die Zahl b. B errechnen Sie auch wenn Sie das Produkt aus vier und a von der Zahl zehn abziehen.

2.39.

Das Ergebnis der Summanden a, drei und minus sechs entspricht dem Produkt der Zahlen b, minus eins und minus zwei. Die Hälfte der Summe aus den Zahlen a und b entspricht dem Vorgänger des Doppelten der Zahl b.

2.40.

Ziehen Sie von neun die Zahl b ab um fünf zu errechnen. Addieren Sie b zur minus zehn hinzu und Sie errechnen a.

2.41.-2.60. Gesucht sind drei Variablen.

2.41.

Eine Zahl b entspricht in Summe mit dem Produkt der Zahlen drei und a dem Vierfachen der Zahl c. Die Zahl c ist der dritte Teil der Zahl a sowie der Nachfolger der Hälfte der Zahl a.

2.42.

Sie errechnen die Zahl c wenn Sie die Zahl b vom Produkt der Zahlen a und minus zwei abziehen. Die Summe aus den Summanden minus c und a ist der Vorgänger des Produktes der Zahlen b und minus eins. Das Dreifache der Summe der Zahlen a und b ist der Vorgänger des Ergebnisses der beiden Faktoren c und vier.

2.43.

Neun ist die Differenz zwischen den Zahlen c und b. Die Hälfte der Summe aus den Zahlen a und b entspricht dem Vorgänger des Dreifachen der Zahl c. Ziehen Sie von b das Doppelte der Zahl a ab. Multiplizieren Sie dieses Ergebnis mit minus eins um den Nachfolger der Zahl c zu errechnen.

2.44.

Ziehen Sie von der Summe der Zahlen drei und minus a die Zahl minus c ab. Das Ergebnis ist das Produkt der Zahlen drei und b. Addieren Sie das Doppelte der Zahl b zur Zahl a hinzu um c zu errechnen. Um das Produkt der Zahlen zwei, c und minus eins zu errechnen müssen Sie die Zahl a vervierfachen.

2.45.

Teilen Sie b durch a um vier zu errechnen. Dies errechnen Sie auch bei der Addition der Zahlen c, drei und minus acht. Ziehen Sie fünf vom Dreifachen der Zahl a ab um b zu errechnen.

2.46.

B ist der Nachfolger von c und beide ergeben die Summe a. Halbieren sie das Produkt der Zahlen zwei, drei und fünf um a zu errechnen.

2.47.

Die Hälfte der Summe der Zahlen a und b entspricht dem Produkt der Faktoren c und drei. A ist der Vorgänger der Hälfte des Vorgängers der Zahl b. Drei ist der Quotient bei der Teilung der Summe der Zahlen a, b und c durch die Zahl minus sieben.

2.48.

Die Zahlen a und b haben eine Differenz von drei und ergeben die Summe eins. Das Produkt aus b und fünf ergibt die Zahl c. Die Zahl c ist größer als null.

2.49.

Teilen Sie minus b durch a uns Sie errechnen neunzehn. Das Dreifache von c ergibt die Summe der Zahl b mit dem Produkt der Zahlen vier und a. Addieren Sie zur Summe der Zahlen a und c dreißig hinzu um die Zahl b zu errechnen.

2.50.

Von der Zahl a ziehen Sie das Doppelte der Zahl b ab um neun zu errechnen. Ziehen Sie vom Produkt der Zahlen minus b und drei die Zahl c ab. Die Summe aus den Produkten der beiden Faktorenpaare b und zwei sowie minus fünf und zwei ergibt das gleiche Ergebnis. Der Nachfolger des Doppelten der Zahl c entspricht der Zahl a.

2.51.

Das Doppelte der Zahl b entspricht dem Nachfolger des Produktes der Zahlen minus c und drei. Minus b ist der Vorgänger der Zahl a. Addieren Sie minus a und b um das Dreifache der Zahl minus c zu errechnen.

2.52.

Das Produkt der Zahlen sieben und fünf entspricht der Summe der Zahlen a und b. Ziehen Sie von der Zahl einhundert die Zahlen a, c und vierzig ab. Sie errechnen so das Dreifache der Zahl b. Teilen Sie minus a durch minus fünf um den Vorgänger von minus c zu errechnen.

2.53.

Die Summe aus a und c ist b. Ziehen Sie von der Zahl null c ab um drei zu errechnen. Das Produkt aus a und c ergibt c.

2.54.

Vervierfachen Sie die Summe aus b und c um die Zahl a zu errechnen. Die Summe aus den Zahlen minus c, a und b entspricht dem Dreifachen der Zahl b. Das Neunfache der Summe der Zahlen b und c entspricht dem Produkt der Zahlen drei und b.

2.55.

Die Zahl a ist der Nachfolger von b und der Vorgänger von c. Die Summe der Zahlen a, b und c ist fünfzehn.

2.56.

Die Zahl b ist um drei kleiner als die Zahl c. Das Doppelte von der Zahl b ist um zwei größer als die Zahl c. Das Produkt der Zahlen a, b und c beträgt einhundertundzwanzig.

2.57.

Addieren Sie minus c zum Doppelten der Zahl b hinzu um a zu errechnen. Das Doppelte der Zahl c entspricht der Hälfte der Summe der Zahlen a und vier. Ein Drittel der Summe aus den Zahlen b und c beträgt vier.

2.58.

Den Vorgänger der Zahl acht errechnen Sie mit den Summanden b und c.Die Zahl a errechnen Sie indem Sie die Zahl b von c abziehen. Teilen Sie die Zahl a durch den Vorgänger der Zahl b und Sie erhalten minus drei.

2.59.

Die Zahl b ist die Differenz der Zahlen a und acht. Die Zahl a beträgt das Doppelte der Zahl fünf. Die Zahl c entspricht dem Doppelten der Zahl b.

2.60.

Ziehen Sie jeweils das Doppelte der Zahlen a und minus b von der Zahl c ab um das Ergebnis null zu errechnen. Addieren Sie das Doppelte der Zahl b zur Zahl a hinzu. Sie errechnen den Viertel Teil der Zahl c. Der Vorgänger der Zahl c entspricht dem Nachfolger des Doppelten der Zahl a.

2. Kreuzzahlenrätsel

Weitere Kreuzzahlenrätsel finden Sie in dem Buch:
Zahlenrätsel mit dem besonderen Anspruch
ISBN: 9-783-744-810-821

Finden Sie die richtige Verteilung der Zahlen entsprechend der geforderten Lösungs-
menge. Bei allen Aufgaben handelt es sich um ganze Zahlen. Weitere Richtlinien der
Lösungsmenge entnehmen Sie bitte den einzelnen Aufgaben.
Die Beschriftung der Felder bezieht sich immer auf die dazugehörigen Zeilen, Spalten
oder Diagonalen. Betrachten Sie hierzu bitte folgende Darstellungen.
Es kann jede Zahlenreihe mit zwei Kriterien belegt werden (Felder d).

					Felder c
Felder a	a	a	ab	ac	
			bc		
		c	b		
Felder d	cd	d	bd	d	**Felder d**
			Felder b		

Außerdem gibt es Rätsel mit mehr Zeilen als Spalte oder mehr Spalten als Zeilen. Beachten Sie hierbei bitte die Diagonalen. Sie enden nicht direkt in den gegenüberliegenden Ecken.

		b		a		
			ab			
		a		b		
	a				b	
Felder a					Felder b	

Es kommt vor, dass mehrere Zahlen in ein Feld passen würden. In so einem Fall wird das Feld leer gelassen. Nur eindeutige Lösungen werden eingetragen.

Die Bezeichnung „Nachbarn" bezieht sich immer auf die Felder in den Zeilen, Spalten oder Diagonalen.

Die Tipps zu den Aufgaben befinden sich auf der Seite 96.
Die Lösungen zu den Aufgaben befinden sich auf den Seiten 98-100.

3.01.-3.10. Zahlenfeld: 4x4

3.01.

Die Zahlen sind größer als 3 und kleiner als 8.

	jede Zahl einmal vorhanden	Primzahlen	gerade Zahlen		
Differenz Nachbarn gleich					
jede Zahl einmal vorhanden					Differenz Nachbarn 1
					Summe: 22
Summe: 25		Nachbarn ungleich		jede Zahl doppelt	

3.02.
Die Zahlen sind Vielfache von 3, größer als 5 und kleiner als 13.

Differenz Nachbarn gleich					
Nachbarn ungleich					Summe: 36
Zahlen einstellig					Summe: 33
Differenz Nachbarn gleich	Summe: 27				ungerade Zahlen

3.03.
Die Zahlen sind Primzahlen, größer als 0 und kleiner als 12.

Keine Zahl ist mehrfach vorhanden	Differenz Nachbarn 2				
Differenz Nachbarn 2					Summe: 20
Summe: 34					Nachbarn ungleich
nach rechts steigend					
Differenz Nachbarn 3					

3.04.
Die Zahlen sind gerade, größer als -3 und kleiner als 5.

				Differenz Nachbarn gleich	
Differenz Nachbarn 4					
					zwei Paare
					in eine Richtung fallend
Differenz Nachbarn >1					Summe: 8
Primzahlen	jede Zahl einmal				

3.05.

Die Zahlen sind größer als -1 und kleiner als 5.

<table>
<tr>
<td rowspan="2">Summe: 14</td>
<td></td>
<td></td>
<td></td>
<td rowspan="2">Differenz
Nachbarn 3</td>
<td></td>
</tr>
<tr>
<td></td>
<td></td>
<td>1</td>
<td></td>
</tr>
<tr>
<td>Nachbarn
ungleich</td>
<td></td>
<td></td>
<td></td>
<td></td>
<td>Differenz
Nachbarn gleich</td>
</tr>
<tr>
<td>gerade Zahlen</td>
<td></td>
<td></td>
<td></td>
<td></td>
<td></td>
</tr>
<tr>
<td>Differenz
Nachbarn gleich</td>
<td></td>
<td></td>
<td></td>
<td></td>
<td>eine Zahl ist
doppelt</td>
</tr>
<tr>
<td></td>
<td>jede Zahl einmal</td>
<td>in eine Richtung
fallend</td>
<td></td>
<td></td>
<td>Nachbarn
ungleich</td>
</tr>
</table>

3.06.
Die Zahlen sind ungerade, größer als -6 und kleiner als 0.

<table>
<tr>
<td></td>
<td></td>
<td>Summe: -12</td>
<td></td>
<td></td>
<td>Differenz Nachbarn 4</td>
</tr>
<tr>
<td>Summe: -8</td>
<td></td>
<td></td>
<td></td>
<td></td>
<td>Nachbarn ungleich</td>
</tr>
<tr>
<td></td>
<td></td>
<td></td>
<td></td>
<td></td>
<td>jede mögliche Zahl vorhanden</td>
</tr>
<tr>
<td></td>
<td></td>
<td></td>
<td></td>
<td></td>
<td>zwei Paare</td>
</tr>
<tr>
<td></td>
<td></td>
<td></td>
<td></td>
<td></td>
<td></td>
</tr>
<tr>
<td></td>
<td>Differenz Nachbarn gleich</td>
<td>Differenz Nachbarn gleich</td>
<td>jede Zahl einmal vorhanden</td>
<td></td>
<td>Summe: -10</td>
</tr>
</table>

3.07.
Die Zahlen sind Primzahlen, größer als 10 kleiner als 20.

				Nachbarn ungleich	
Summe: 46					
Nachbarn ungleich					Summe: 48
Summe: 70					
					Summe: 66
		Summe: 46			

3.08.

Die Zahlen sind Vielfache der Zahl 3, größer als 1 und kleiner als 16.

<table>
<tr><td rowspan="2"></td><td></td><td></td><td></td><td>Primzahlen</td><td>Summe: 24</td></tr>
<tr><td></td><td></td><td></td><td rowspan="2"></td><td rowspan="2">jede Zahl einmal vorhanden</td></tr>
<tr><td>jede Zahl einmal vorhanden</td><td></td><td></td><td></td></tr>
<tr><td>Differenz Nachbarn gleich</td><td></td><td></td><td></td><td></td><td>Summe: 27</td></tr>
<tr><td>Summe: 30</td><td></td><td></td><td></td><td></td><td></td></tr>
<tr><td>Differenz Nachbarn 3</td><td>Summe: 45</td><td>Differenz Nachbarn gleich</td><td>Nachbarn ungleich</td><td></td><td></td></tr>
</table>

30

3.09.
Die Zahlen sind größer als -4 und kleiner als 1.

	Differenz Nachbarn gleich		gerade Zahlen	Differenz Nachbarn gleich	
Summe: -6					
					Summe: -10
in eine Richtung fallend					
Differenz Nachbarn gleich			Nachbarn ungleich	Nachbarn ungleich	Nachbarn ungleich

3.10.

Die Zahlen sind ungerade, größer als 4 und kleiner als 12.

in eine Richtung steigend			Differenz Nachbarn 4		
Nachbarn ungleich					
Summe kleiner als 40					ein Drilling
einstellig					Summe: 34
jede Zahl einmal		Summe: 30	Primzahlen		

3.11.-3.20. Zahlenfeld: 4x5

3.11.
Die Zahlen sind größer als 1 und kleiner als 6.

	Summe: 10	Nachbarn ungleich			in eine Richtung steigend
Primzahlen					Nachbarn ungleich
Nachbarn ungleich					
Differenz Nachbarn gleich					
Differenz Nachbarn gleich	Primzahlen	Summe: 11		Summe: 19	in eine Richtung fallend

3.12.
Die Zahlen sind durch 3 teilbar, größer als -5 und kleiner als 13.

Differenz Nachbarn 9					
in eine Richtung fallend					
					Summe: 36
ungerade Zahlen					Nachbarn ungleich
Summe: 21		nach oben fallend	Nachbarn ungleich	Summe: 3	

3.13.

Die Zahlen sind Primzahlen, größer als 2 und kleiner als 12.

ein Drilling		Summe: 24	Nachbarn ungleich		in eine Richtung steigend
Nachbarn ungleich					
	11				
Differenz Nachbarn 4					drei versch-iedene Zahlen
Nachbarn ungleich					
Differenz Nachbarn gleich		Nachbarn ungleich	jede Zahl einmal	Differenz Nachbarn 2	

3.14.
Die Zahlen sind größer als -1 und kleiner als 8.

Primzahlen	jede Zahl einmal		gerade Zahlen	Produkt größer als 0	Differenz Nachbarn gleich	
						Summe: 19
Summe: 11						
	3					
Nachbarn ungleich						Summe: 26
Summe: 12	ungerade Zahlen		in eine Richtung steigen	Differenz Nachbarn gleich		

3.15.

Die Zahlen sind Vielfache der Zahl 5, größer als -6 und kleiner als 16.

Summe: 20	Nachbarn ungleich		Summe 0	jede Zahl einmal	Summe: 5
					Summe: 25
jede Zahl einmal					
					jede Zahl einmal
jede Zahl einmal					Differenz Nachbarn gleich
in eine Richtung fallend		zwei verschiede Zahlen	gerade Zahlen		Summe: 10

3.16.
Die Zahlen sind größer als 0 und kleiner als 7.

		Summe: 10		Summe: 21	Summe: 6
Summe: 24					
					Summe: 18
Summe: 24					
					Summe: 16
Summe: 16		Summe: 14			

3.17.

Die Zahlen sind Primzahlen, größer als 6 und kleiner als 20.

<table>
<tr>
<td></td>
<td>Differenz Nachbarn 4</td>
<td></td>
<td></td>
<td></td>
<td>Differenz Nachbarn 4</td>
<td>jede Zahl einmal</td>
</tr>
<tr>
<td>drei versch-
iedene Zahlen</td>
<td></td>
<td></td>
<td></td>
<td></td>
<td></td>
<td>Differenz
Nachbarn 6</td>
</tr>
<tr>
<td></td>
<td></td>
<td></td>
<td></td>
<td></td>
<td></td>
<td>Differenz
Nachbarn 6</td>
</tr>
<tr>
<td></td>
<td></td>
<td></td>
<td></td>
<td></td>
<td></td>
<td></td>
</tr>
<tr>
<td>Differenz
Nachbarn 8</td>
<td></td>
<td></td>
<td></td>
<td></td>
<td></td>
<td></td>
</tr>
<tr>
<td>Nachbarn
ungleich</td>
<td></td>
<td></td>
<td>Nachbarn ungleich</td>
<td></td>
<td></td>
<td>Differenz
Nachbarn gleich</td>
</tr>
</table>

3.18.

Die Zahlen sind größer als -5 und kleiner als 0.

Summe: -5				Summe: -11	
Summe: -10					Nachbarn ungleich
					zwei Zahlen sind doppelt
	in eine Richtung steigend	Summe: -7		Summe: -10	Nachbarn ungleich	Primzahlen

3.19.

Die Zahlen sind gerade, größer als -1 und kleiner als 5.

<table>
<tr>
<td rowspan="2">Differenz
Nachbarn gleich</td>
<td></td>
<td></td>
<td>Summe: 6</td>
<td></td>
<td></td>
<td></td>
</tr>
<tr>
<td></td>
<td></td>
<td></td>
<td></td>
<td></td>
<td>Summe: 10</td>
</tr>
<tr>
<td>Summe: 12</td>
<td></td>
<td></td>
<td></td>
<td></td>
<td></td>
<td rowspan="1">Nachbarn
ungleich</td>
</tr>
<tr>
<td>Nachbarn
ungleich</td>
<td></td>
<td></td>
<td></td>
<td></td>
<td></td>
<td>Produkt: 128</td>
</tr>
<tr>
<td></td>
<td></td>
<td></td>
<td></td>
<td></td>
<td></td>
<td>Vielfache der
Zahl 3</td>
</tr>
<tr>
<td>Differenz
Nachbarn 4</td>
<td></td>
<td></td>
<td>Nachbarn
ungleich</td>
<td></td>
<td></td>
<td></td>
</tr>
</table>

3.20.
Die Zahlen sind größer als 6 und kleiner als 14.

Differenz Nachbarn gleich			in eine Richtung steigend	Differenz Nachbarn 2		jede Zahl einmal
jede Zahl einmal						
Primzahlen						Summe: 43
Summe: 36	jede Zahl einmal	Differenz Nachbarn gleich	Zahlen sind zweistellig	jede Zahl nur einmal	Differenz Nachbarn 3	

3.21.-3.30. Zahlenfeld: 5x5

3.21.

Die Zahlen sind ungerade, größer als -4 und kleiner als 6.

					Summe: 11	
Differenz Nachbarn gleich						Primzahlen
						Differenz Nachbarn gleich
						in eine Richtung steigend
Nachbarn ungleich						
Differenz Nachbarn gleich						
Differenz Nachbarn gleich						Summe: 17
Nachbarn ungleich		jede Zahl einmal		Nachbarn ungleich		

3.22.

Die Zahlen sind Primzahlen, größer als 8 und kleiner als 24.

	Summe: 81	jede Zahl einmal			jede Zahl einmal
					Differenz Nachbarn 6
Nachbarn ungleich					
					In eine Richtung fallend
					Summe: 69
Differenz Nachbarn 2					
	Nachbarn ungleich			Summe: 73	in eine Richtung steigend

3.23.

Die Zahlen sind größer als 0 und kleiner als 9.

		Summe: 10	Summe: 24		jede Zahl einmal	Differenz Nachbarn gleich
Differenz Nachbarn 4						Primzahlen
						Summe: 17
Nachbarn ungleich						Summe: 29
Summe: 23	2					
ungerade Zahlen						Nachbarn ungleich
jede Zahl einmal				jede Zahl einmal	Summe: 25	

3.24.

Die Zahlen sind größer als -4 und kleiner als 2.

Summe: 4		Summe: 0	Summe: -9	Nachbarn ungleich		
Nachbarn ungleich						
						Produkt: 0
gerade Zahlen						
Summe: -10	Summe: 0		Nachbarn ungleich	Summe: -1	Summe: -11	

3.25.
Die Zahlen sind Vielfache von 6, größer als 2 und kleiner als 19.

		Summe: 54	Nachbarn ungleich		Nachbarn ungleich	drei verschiedene Zahlen
Summe: 48						
						Nachbarn ungleich
drei versch-iedene Zahlen						
Nachbarn ungleich						Summe: 54
						Differenz Nachbarn gleich
Differenz Nachbarn gleich	ein Drilling			Nachbarn ungleich		Vielfache der Zahl 9

3.26.
Die Zahlen sind Vielfache der Zahl 1, größer als -1 und kleiner als 5.

	zwei Paare	Differenz Nachbarn gleich	Differenz Nachbarn gleich			Differenz Nachbarn gleich
Vielfache der Zahl 2						Nachbarn ungleich
Summe: 4						
Differenz Nachbarn gleich						
Nachbarn ungleich						Summe: 17
						Produkt: 16
jede Zahl einmal vorhanden						

3.27.

Die Zahlen sind ungerade, größer als -6 und kleiner als 6.

	jede Zahl einmal	Nachbarn ungleich			Summe: 13
Summe: 19					
Nachbarn ungleich					Primzahlen
Differenz Nachbarn gleich					
Summe: 5				3	jede Zahl einmal
Nachbarn ungleich	Differenz Nachbarn gleich	Summe: 17		Nachbarn ungleich	Full House	

3.28.
Die Zahlen sind nicht Vielfache der Zahl 3, größer als 0 und 10.

<table>
<tr>
<td rowspan="2">Differenz
Nachbarn gleich</td>
<td rowspan="2">Differenz
Nachbarn gleich</td>
<td rowspan="2"></td>
<td rowspan="2">Differenz
Nachbarn gleich</td>
<td rowspan="2">Summe: 25</td>
<td rowspan="2"></td>
<td>Differenz
Nachbarn 2</td>
</tr>
<tr>
<td>Differenz
Nachbarn gleich</td>
</tr>
<tr>
<td></td>
<td></td>
<td></td>
<td></td>
<td></td>
<td>Differenz
Nachbarn gleich</td>
</tr>
<tr>
<td>Differenz
Nachbarn gleich</td>
<td></td>
<td></td>
<td></td>
<td></td>
<td></td>
</tr>
<tr>
<td>Differenz
Nachbarn gleich</td>
<td></td>
<td></td>
<td></td>
<td></td>
<td></td>
</tr>
<tr>
<td>Differenz
Nachbarn gleich</td>
<td></td>
<td></td>
<td></td>
<td></td>
<td>Summe: 22</td>
</tr>
<tr>
<td>Summe: 16</td>
<td>Differenz
Nachbarn gleich</td>
<td>Differenz
Nachbarn gleich</td>
<td>Differenz
Nachbarn gleich</td>
<td>Differenz
Nachbarn gleich</td>
<td></td>
</tr>
</table>

3.29.

Die Zahlen sind größer als 1 und kleiner als 9.

	Summe: 32		Summe: 13		Primzahlen	
Summe: 33						
						Summe: 26
in eine Richtung steigend						Zahlen kleiner als 7
Nachbarn ungleich						Summe: 14
		Summe: 22		Summe: 32		Summe: 21

3.30.

Die Zahlen sind keine Vielfachen der Zahl 4, größer als -3 und kleiner 6.

			Summe: -2	Primzahlen	
					Summe: 11
Summe: -5					
Summe: 5					ein Drilling
drei versch- iedene Zahlen					Differenz Nachbarn 3
					Summe: 14
	Summe: -7			Nachbarn ungleich	in eine Richtung fallend

3.31.-3.40. Zahlenfeld: 6x5

3.31.

Die Zahlen sind größer als 3 und kleiner als 10.

Summe: 28	Differenz Nachbarn gleich		in eine Richtung fallend	Summe: 35		
Nachbarn ungleich						
Differenz Nachbarn gleich						jede Zahl einmal
Primzahlen						Nachbarn ungleich
						Summe: 26
		Summe: 31			Vielfache der Zahl 5	

3.32.

Die Zahlen sind Primzahlen, größer als 1 und kleiner als 18.

	Nachbarn ungleich	Differenz Nachbarn gleich	jede Zahl einmal			
						Differenz Nachbarn 6
Nachbarn ungleich						Summe: 36
Differenz Nachbarn 2						drei versch- iedene Zahlen
						Differenz Nachbarn gleich
jede Zahl einmal						
						Summe: 29
Differenz Nachbarn 5	Summe: 52				Summe: 36	Summe: 42

3.33.

Die Zahlen sind keine Vielfachen der Zahl 5, größer als 3 und kleiner als 13.

Summe: 38		Summe: 41		Differenz Nachbarn gleich		
jede Zahl einmal					12	
Nachbarn ungleich						Summe: 45
Differenz Nachbarn gleich						
Summe: 33						
						Summe: 29
gerade Zahlen						Differenz Nachbarn 2
Summe: 32	ein Drilling		Vielfache der Zahl 3	Summe: 33	Nachbarn ungleich	in eine Richtung steigend

3.34.

Die Zahlen sind gerade, größer als -5 und kleiner als 3.

Summe: 0		Summe:4	Summe:-8			Summe: -2
Summe: 4						
Summe: -6						
						Summe: 2
						Summe: -4
						Summe: -14
Summe: 6						
Summe: 8				Summe: 2		Summe: -10

3.35.
Die Zahlen sind nicht Vielfache der Zahl 3, größer als 1 und kleiner als 11.

Summe: 27		Nachbarn ungleich		Summe: 38		Summe: 23
						Summe: 25
Nachbarn ungleich						Summe: 17
Summe: 23						
Differenz Nachbarn 2						gerade Zahlen
Summe: 12	Nachbarn ungleich	Summe: 21	Differenz Nachbarn gleich			Primzahlen

3.36.

Die Zahlen sind ungerade, größer als -6 und kleiner als 4.

Summe: 3	Summe: 2		Summe: 8		Summe: -2	
Nachbarn ungleich						
						Nachbarn ungleich
						Nachbarn ungleich
Nachbarn ungleich						
						jede Zahl einmal
Differenz Nachbarn gleich						Primzahlen
in eine Richtung fallend	Nachbarn ungleich	Differenz Nachbarn gleich		Summe: -4	Differenz Nachbarn gleich	Summe: 9

3.37.

Die Zahlen sind nicht Vielfaches der Zahl 3, größer als -2 und kleiner als 7.

Differenz Nachbarn gleich		Summe: 18		Nachbarn ungleich	Summe: 7	
						Differenz Nachbarn gleich
Summe: 1						Differenz Nachbarn gleich
Nachbarn ungleich						
						Summe: 8
Summe: 11		2				
Differenz Nachbarn 3	Summe: 12		Differenz Nachbarn 1	Summe: 13		

3.38.
Die Zahlen sind Vielfache von 3, größer als 4 und kleiner als 21.

Summe: 66	Nachbarn ungleich	Nachbarn ungleich			Summe: 48
					Summe: 42
Vielfache der Zahl 9					Nachbarn ungleich
Summe: 45					Nachbarn ungleich
jede Zahl einmal					
Differenz Nachbarn gleich					Summe: 39
					Summe: 39
gerade Zahlen	Summe: 69	Nachbarn ungleich	Nachbarn ungleich		Summe: 45

3.39.

Die Zahlen sind Primzahlen, größer als 10 und kleiner als 28.

Summe: 69	Summe: 78	alle Lösungszahlen vorhanden		Differenz Nachbarn 4		ein Drilling
Summe: 87						Nachbarn ungleich
Nachbarn ungleich						Summe: 73
						Summe: 69
Nachbarn ungleich						Summe: 77
						Summe: 61
Summe: 89	Nachbarn ungleich		zwei Drillinge			

3.40.
Die Zahlen sind größer als 0 und kleiner als 11.

<table>
<tr><td>Summe: 43</td><td></td><td>Summe: 38</td><td>Summe: 48</td><td>Summe: 32</td><td></td></tr>
<tr><td>die Zahlen sind gerade</td><td></td><td></td><td></td><td></td><td>in eine Richtung steigend</td></tr>
<tr><td></td><td></td><td></td><td></td><td></td><td>Nachbarn ungleich</td></tr>
<tr><td>Summe: 27</td><td></td><td></td><td></td><td></td><td></td></tr>
<tr><td>Differenz Nachbarn gleich</td><td></td><td></td><td></td><td></td><td></td></tr>
<tr><td>Summe: 39</td><td></td><td></td><td></td><td></td><td></td></tr>
<tr><td>Summe: 31</td><td></td><td></td><td></td><td></td><td>die Zahlen sind ungerade</td></tr>
<tr><td>Summe: 44</td><td></td><td>jede Zahl einmal</td><td>Nachbarn ungleich</td><td></td><td></td></tr>
</table>

3.41.-3.50. Zahlenfeld: 6x6

3.41.

Die Zahlen sind größer als -5 und kleiner als 3.

	Differenz Nachbarn gleich	Nachbarn ungleich			Summe: -4	Summe: 7	
							Summe: 4
jede Zahl einmal							
							Differenz Nachbarn gleich
Differenz Nachbarn gleich							
Nachbarn ungleich							Summe: 5
	jede Zahl einmal		Summe: 5	Differenz Nachbarn gleich	Produkt ungleich 0		Primzahlen

3.42.
Die Zahlen sind Vielfachen der Zahl 4, größer als -2 und kleiner als 15.

	Differenz Nachbarn gleich	Nachbarn ungleich	Differenz Nachbarn gleich		Nachbarn ungleich
					Summe: 24
Nachbarn ungleich					Summe: 28
Nachbarn ungleich					Summe: 12
Summe: 32					
Summe: 28					Differenz Nachbarn gleich
jede Lösungs-zahl vorhanden					
Vielfache der Zahl 3			Summe: 16		Differenz Nachbarn gleich

3.43.

Die Zahlen sind keine Vielfachen der Zahl 3, größer als 1 und kleiner als 13.

Differenz Nachbarn 1	Summe: 46		Differenz Nachbarn 6		Differenz Nachbarn 2	
Differenz Nachbarn 7						
						Differenz Nachbarn 3
Nachbarn ungleich						Summe: 44
vier versch-iedene Zahlen						Differenz Nachbarn 3
Nachbarn ungleich						
	Summe: 36		Differenz Nachbarn 4	Differenz Nachbarn gleich	Differenz Nachbarn	

3.44.

Die Zahlen sind Primzahlen, größer als 0 und kleiner als 16.

Summe: 31		in eine Richtung fallend	Nachbarn ungleich	Nachbarn ungleich		Summe: 50	Nachbarn ungleich
							in eine Richtung steigend
jede Zahl einmal							
Differenz Nachbarn gleich			5				Summe: 28
drei Paare							
Nachbarn ungleich							Differenz Nachbarn gleich
Summe: 60			Summe: 29	Summe: 60	Summe: 40		Nachbarn ungleich

3.45.

Die Zahlen sind gerade, größer als -5 und kleiner als 7.

	Summe: -2		Summe: 22				Nachbarn ungleich
Summe: -8							Nachbarn ungleich
							Summe: -4
Summe: 6							
Differenz Nachbarn gleich							Nachbarn ungleich
Nachbarn ungleich							Summe: 26
Nachbarn ungleich							Summe: -6
Summe: -16			Nachbarn ungleich	Summe: 4		jede Zahl einmal	Summe: -2

3.46.
Die Zahlen sind keine Vielfachen der Zahl 3, größer als -1 und kleiner als 11.

<table>
<tr><td>Summe: 22</td><td></td><td></td><td>in eine Richtung steigend</td><td></td><td>jede Zahl einmal</td><td></td><td></td></tr>
<tr><td>Differenz Nachbarn 3</td><td></td><td></td><td></td><td></td><td></td><td></td><td>Summe: 33</td></tr>
<tr><td>Nachbarn ungleich</td><td></td><td></td><td></td><td></td><td></td><td></td><td>Differenz Nachbarn gleich</td></tr>
<tr><td>Summe: 10</td><td></td><td></td><td></td><td></td><td></td><td></td><td></td></tr>
<tr><td>Summe: 16</td><td></td><td></td><td></td><td></td><td></td><td></td><td></td></tr>
<tr><td></td><td></td><td></td><td></td><td></td><td></td><td></td><td>Zahlen ungerade</td></tr>
<tr><td>Differenz Nachbarn 1</td><td></td><td></td><td></td><td></td><td></td><td></td><td></td></tr>
<tr><td></td><td>Nachbarn ungleich</td><td>Summe: 19</td><td></td><td>Summe: 22</td><td>Nachbarn ungleich</td><td>Nachbarn ungleich</td><td></td></tr>
</table>

3.47.
Die Zahlen sind größer als 7 und kleiner als 20.

		in eine Richtung fallend	Summe: 67	Differenz Nachbarn gleich		Nachbarn ungleich	Summe: 55
Primzahlen							Differenz Nachbarn 4
Nachbarn ungleich							Summe: 76
Nachbarn ungleich							Summe: 69
drei Paare							
							jede Zahl einmal
Summe: 52							
Nachbarn ungleich	in eine Richtung steigend		jede Zahl einmal		Differenz Nachbarn gleich	vier verschiedene Zahlen	

3.48.

Die Zahlen sind ungerade, größer als -4 und kleiner als 14.

	Nachbarn ungleich		Summe: 8		Nachbarn ungleich		
nach links steigend							
Summe: 42							
							Summe: 16
zwei versch- iedene Zahlen							Nachbarn ungleich
							Differenz Nachbarn 2
Differenz Nachbarn gleich							Summe: -6
Differenz Nachbarn gleich	Summe: -4	Differenz Nachbarn gleich	Differenz ungleich	Nachbarn ungleich	Nachbarn ungleich		Summe: 14

3.49.

Die Zahlen sind größer als 0 und kleiner als 7.

Differenz Nachbarn gleich	Nachbarn ungleich	jede Zahl einmal		Summe: 20	Summe: 20	
						Summe: 14
drei verschiedene Zahlen						ungerade Zahlen
jede Zahl einmal						
Differenz Nachbarn >1						Primzahlen
						Summe: 18
jede Zahl einmal						
jede Zahl einmal	in eine Richtung fallend		Nachbarn ungleich	Nachbarn ungleich	Nachbarn ungleich	

3.50.
Die Zahlen sind Vielfache der Zahl 3, größer als -2 und kleiner als 16.

	Summe: 12	Summe: 69		Summe: 39	in eine Richtung fallend	Summe: 48	Summe: 18
							Summe: 51
Summe: 33							
Summe: 51							
Nachbarn ungleich							Summe: 45
			Summe: 27	drei verschiedene Zahlen			Primzahlen

<u>**4. Türme**</u>

Gegeben ist ein Zahlenfeld. In den Feldern müssen die Lösungszahlen richtig verteilt werden. Die Lösungszahlen orientieren sich an der Anzahl der Zeilen und Spalten. Ein Zahlenfeld mit 5x5 Feldern impliziert beispielsweise die Lösungszahlen 1 bis 5. Jede Zahl ist pro Zeile und Spalte einmal vorhanden.
Zusätzlich sind an den Zeilen und Spalten Ziffern zu sehen. Sie zeigen die Anzahl der Türme an welche aus der Position in der Zeile oder Spalte zu sehen ist. Die Höhe der Türme ist durch die Zahlen definiert. So ist Turm 3 kleiner als Turm 5. Wenn Turm 3 vor Turm 5 steht sehen Sie zwei Türme. Steht er dahinter wird er verdeckt und Sie sehen nur Turm 5.

Die Lösung zu den Aufgaben befindet sich auf den Seiten 100-104.

4.01. - 4.10. Zahlenfeld 4x4 (leicht)

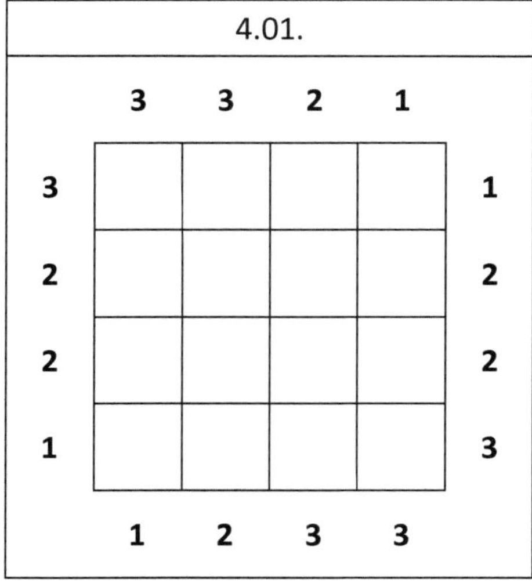

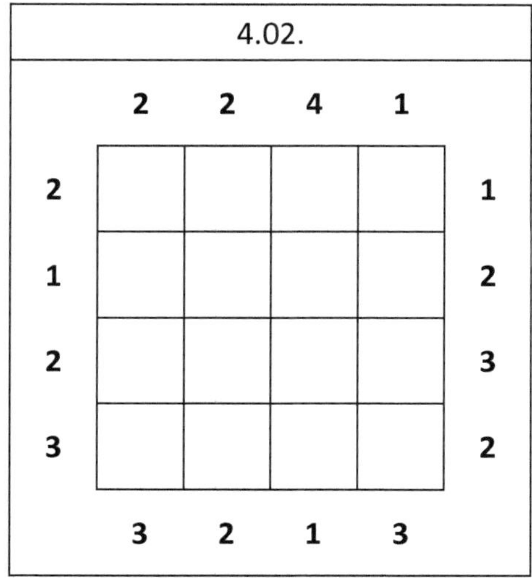

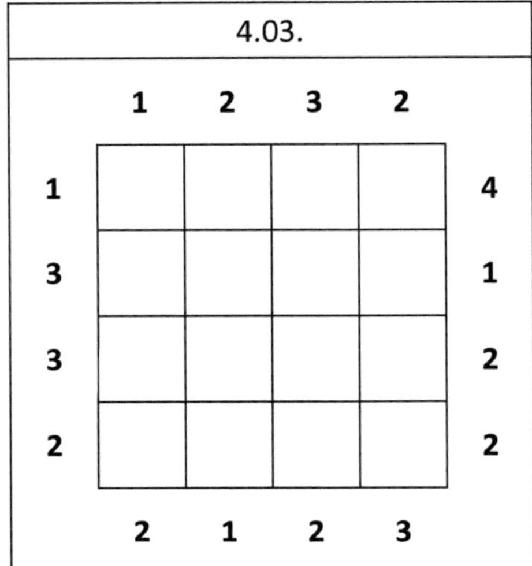

4.03.

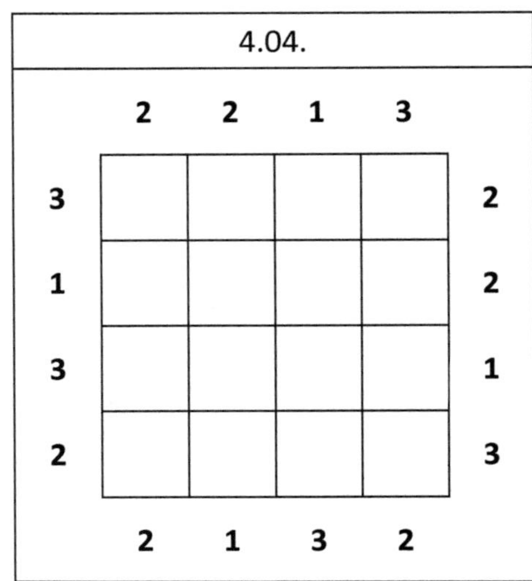

4.04.

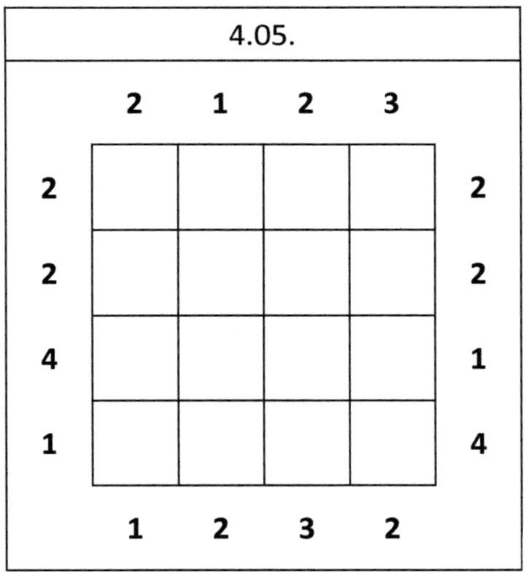

4.05.

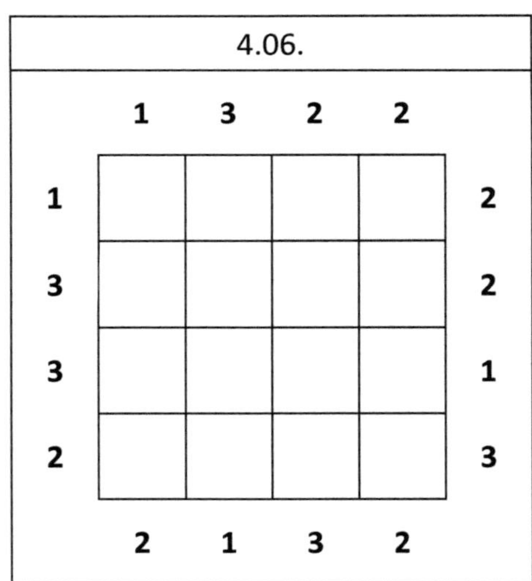

4.06.

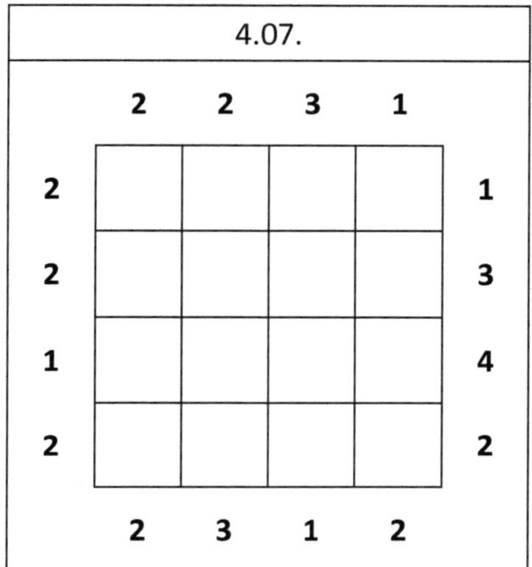

4.07.

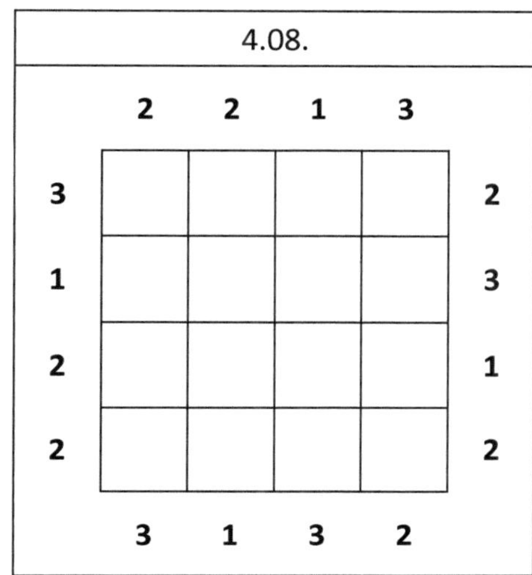

4.08.

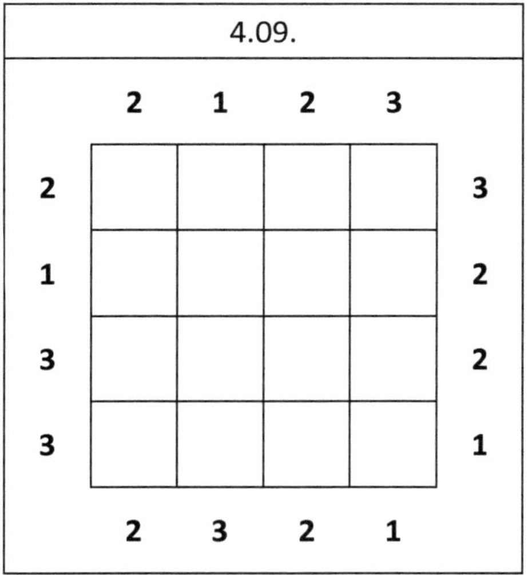

4.09.

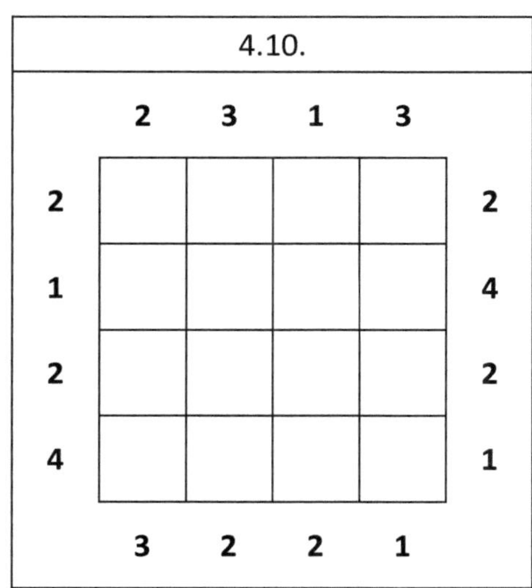

4.10.

4.11. - 4.20. Zahlenfeld 5x5 (leicht)

4.11.

```
      2   3   4   2   1
  4  [ ] [ ] [ ] [ ] [ ]  1
  1  [ ] [ ] [ ] [ ] [ ]  5
  2  [ ] [ ] [ ] [ ] [ ]  4
  2  [ ] [ ] [ ] [ ] [ ]  2
  2  [ ] [ ] [ ] [ ] [ ]  2
      3   3   2   1   2
```

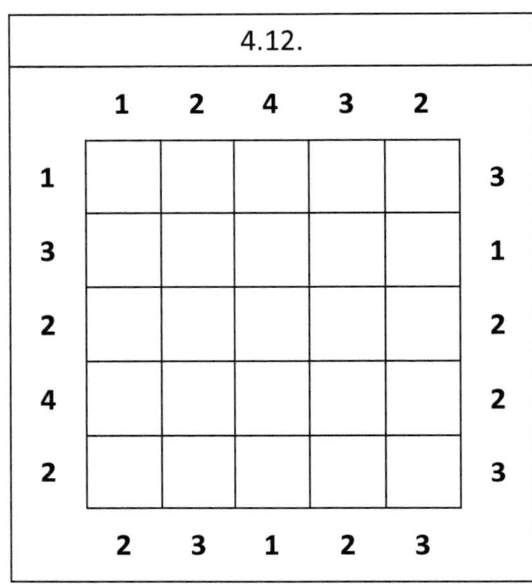

4.13.

```
      2   1   3   2   3
  2  [ ] [ ] [ ] [ ] [ ]  2
  2  [ ] [ ] [ ] [ ] [ ]  2
  3  [ ] [ ] [ ] [ ] [ ]  1
  3  [ ] [ ] [ ] [ ] [ ]  3
  1  [ ] [ ] [ ] [ ] [ ]  5
      1   2   2   3   3
```

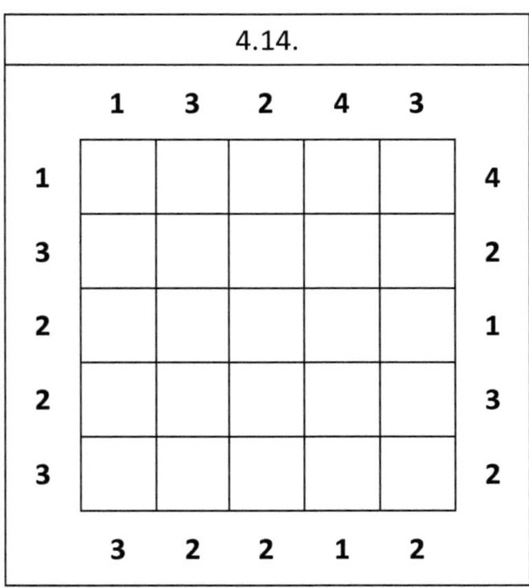

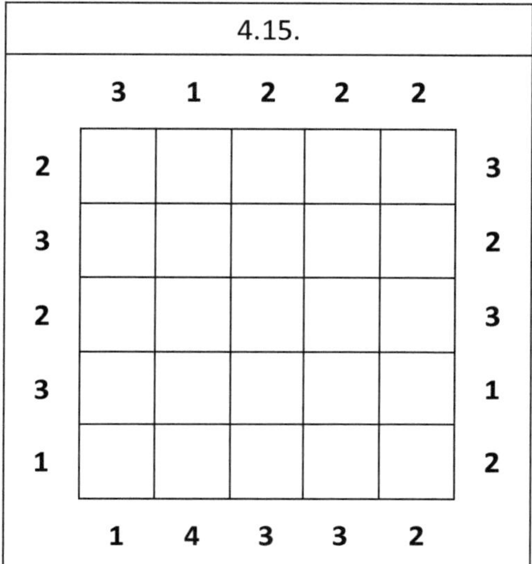

4.15.

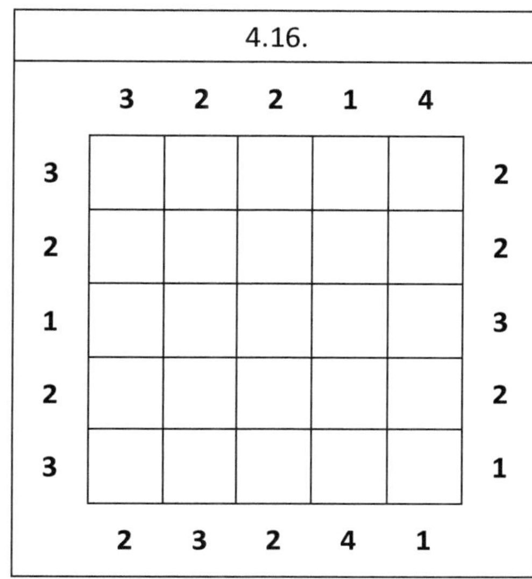

4.16.

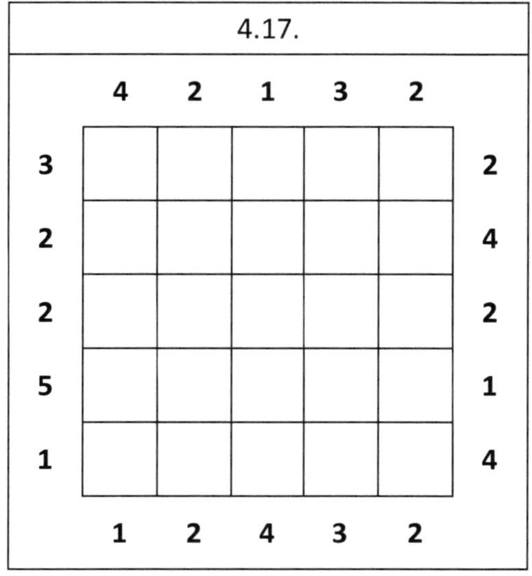

4.17.

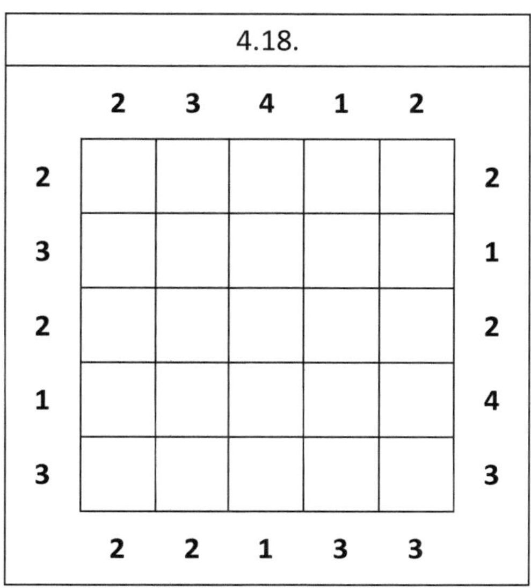

4.18.

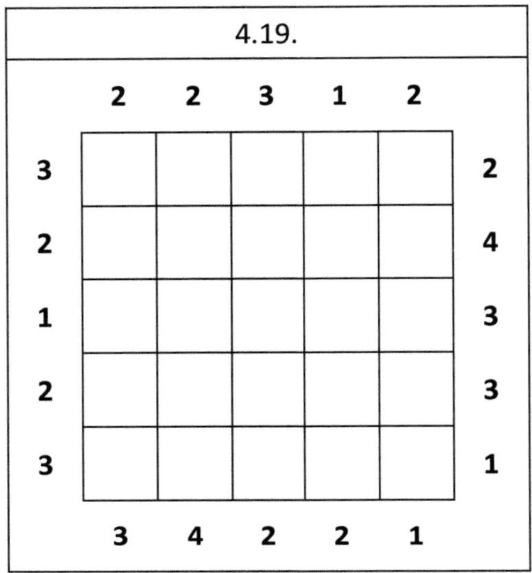

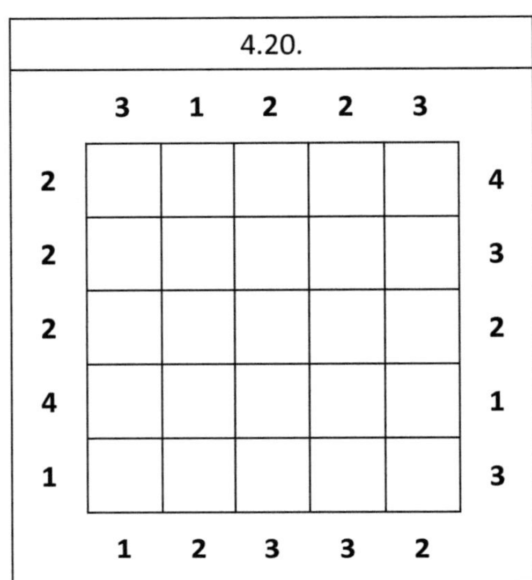

4.21. - 4.30. Zahlenfeld 5x5 (schwer)

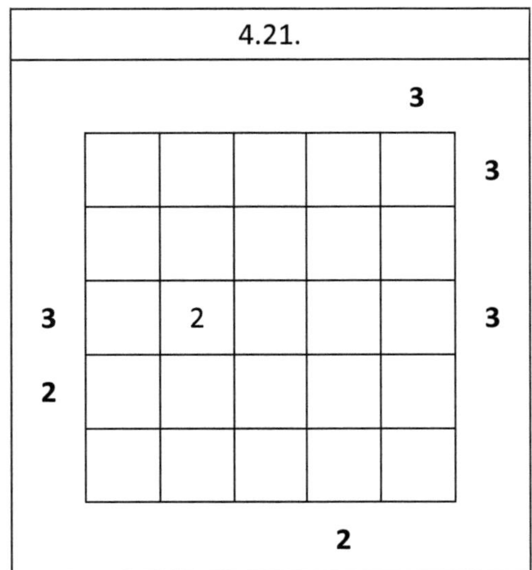

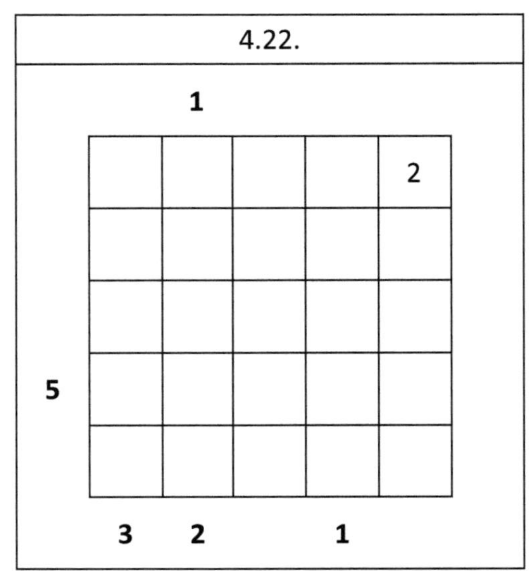

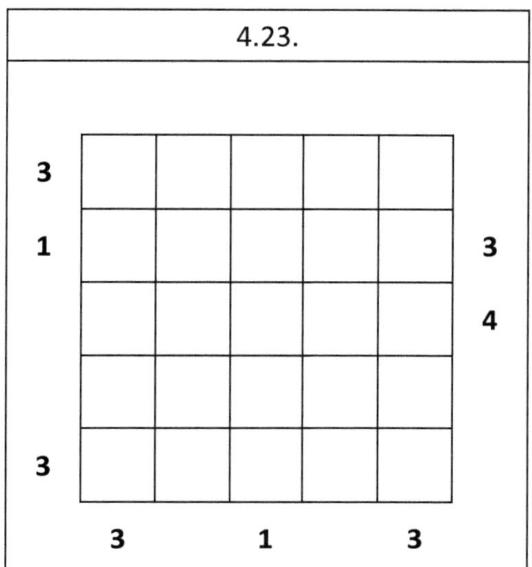

4.23.

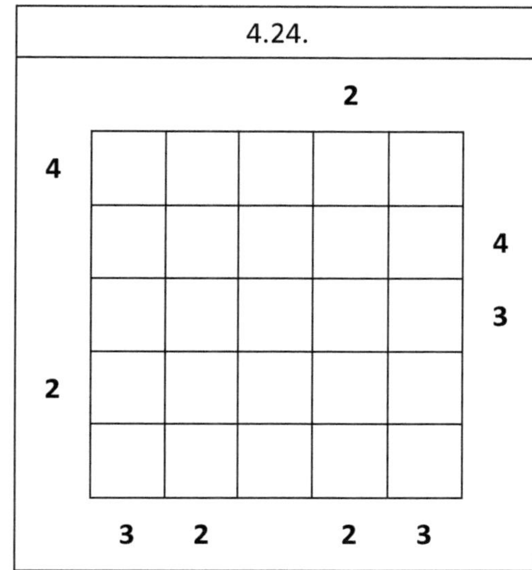

4.24.

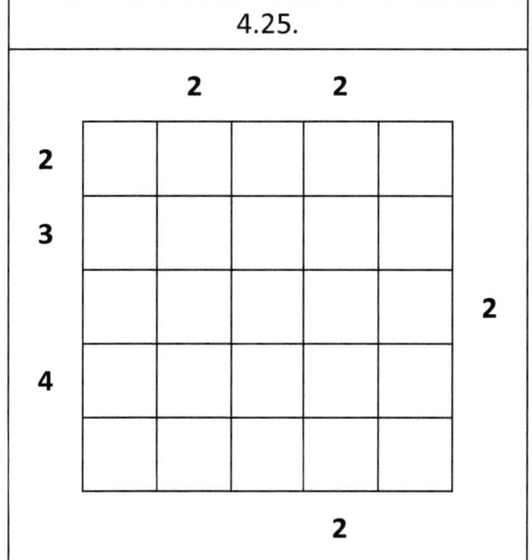

4.25.

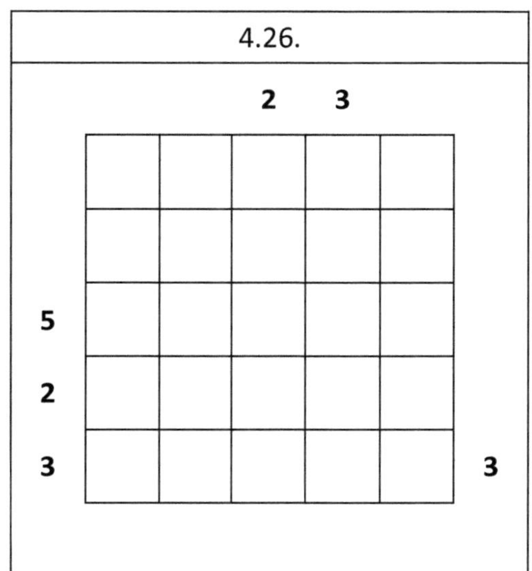

4.26.

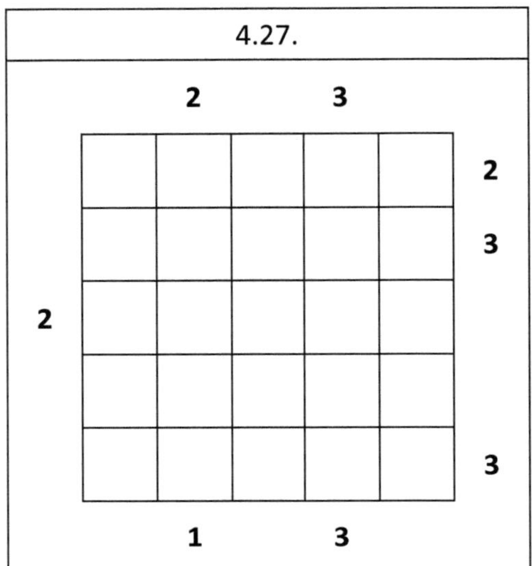

4.27.
2   3
2
3
2
3
1   3

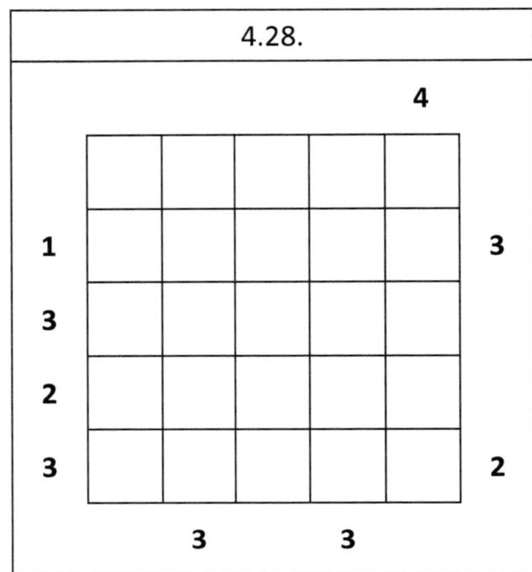

4.28.
4
1
3
3
2
3
2
3   3

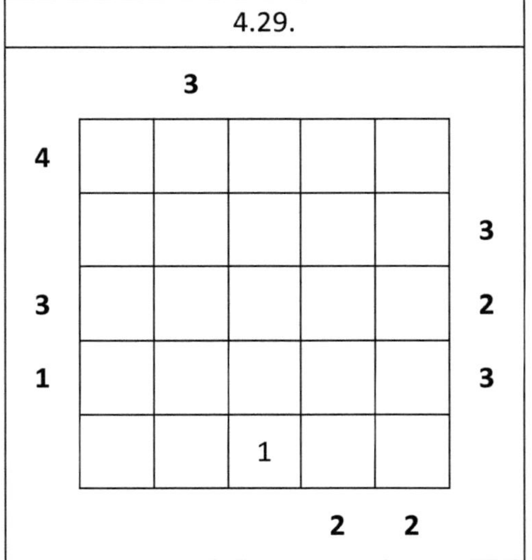

4.29.
3
4
3
3
2
1
3
1
2   2

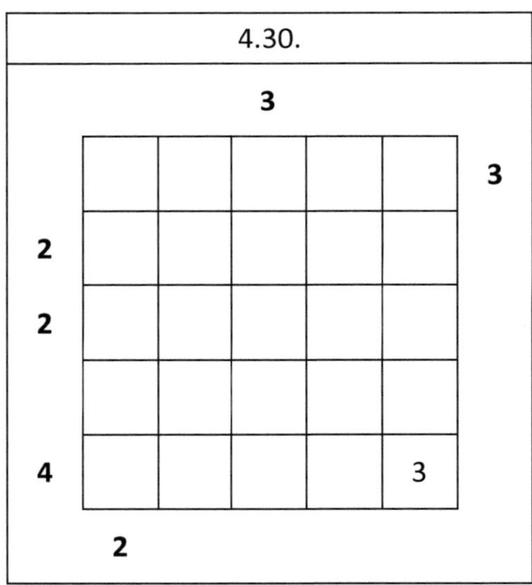

4.30.
3
3
2
2
4
3
2

4.31. - 4.40. Zahlenfeld 6x6 (leicht)

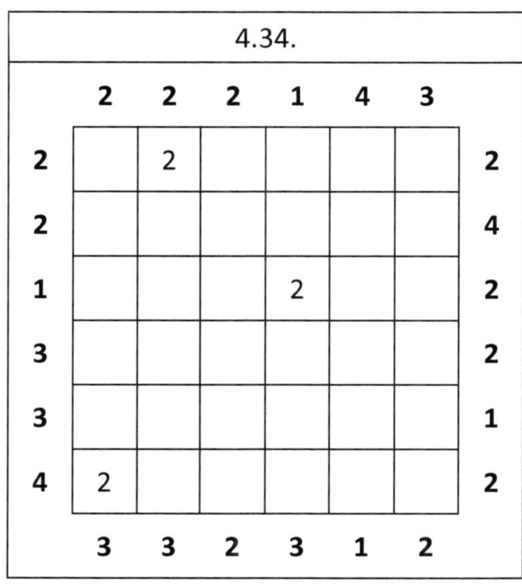

4.31.

	3	3	3	2	4	1	
4							1
3	4						2
1			5			2	4
3					3	5	2
2							2
2				3			3
	3	1	2	3	2	4	

4.32.

	2	2	4	2	3	1	
3	3						1
1				2			3
2							3
4							2
2					2		3
4			4				2
	4	2	2	3	1	2	

4.33.

	1	3	3	2	4	2	
1			1				2
2							3
3				2			2
3					5		1
2							3
3						1	2
	4	2	2	3	1	3	

4.34.

	2	2	2	1	4	3	
2		2					2
2							4
1				2			2
3							2
3							1
4	2						2
	3	3	2	3	1	2	

4.35.

	3	3	1	3	2	2	
3		3		1			2
2					3		1
3						4	2
1							3
4							3
2							3
	2	1	3	2	4	3	

4.36.

	3	2	1	2	3	3	
2							3
2						2	5
2						3	2
2			2	3			2
1							3
3							1
	2	2	4	4	3	1	

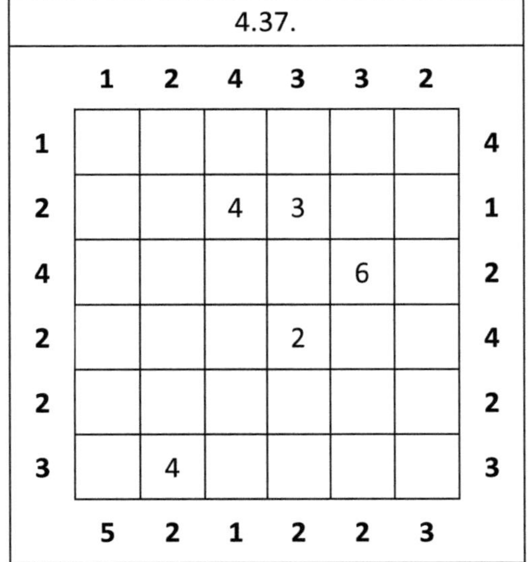

4.37.

	1	2	4	3	3	2	
1							4
2			4	3			1
4					6		2
2				2			4
2							2
3		4					3
	5	2	1	2	2	3	

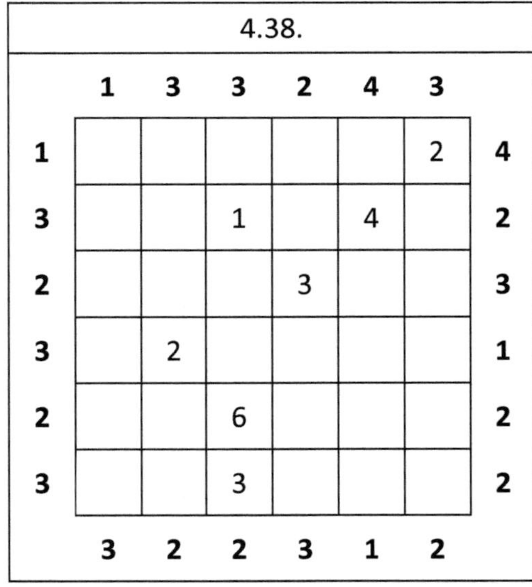

4.38.

	1	3	3	2	4	3	
1						2	4
3			1		4		2
2			3				3
3		2					1
2			6				2
3			3				2
	3	2	2	3	1	2	

4.39.

	2	3	3	2	2	1	
4			4				1
5		2					2
2				1			4
1			1				3
2							3
3							3
	3	2	2	1	3	5	

4.40.

	2	3	2	3	2	1	
3			5	1			1
1		4			1		3
2							2
3			2				2
2						4	3
2							3
	2	3	2	1	3	4	

4.41. - 4.50. Zahlenfeld 6x6 (schwer)

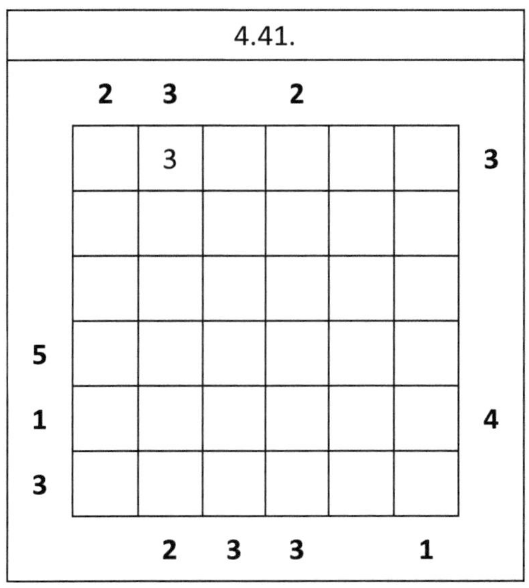

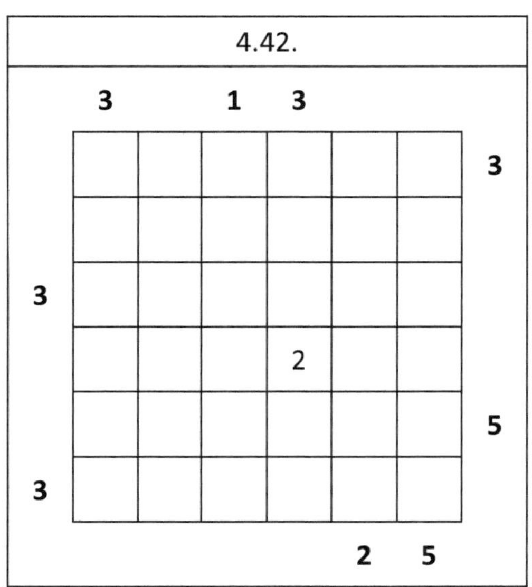

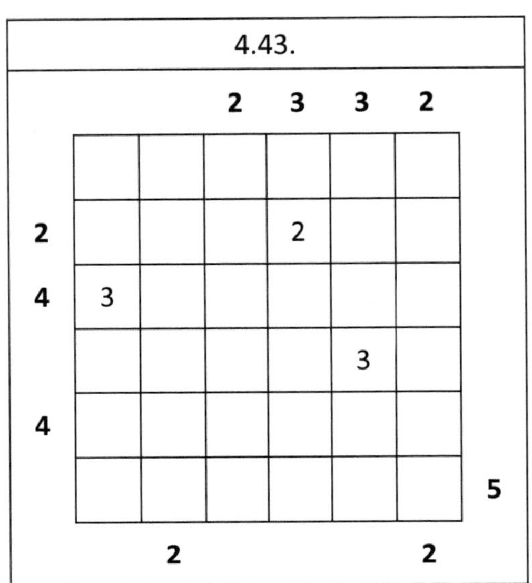

4.43.

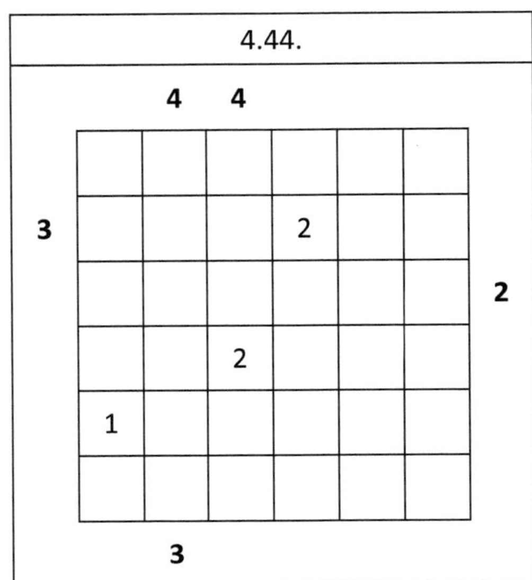

4.44.

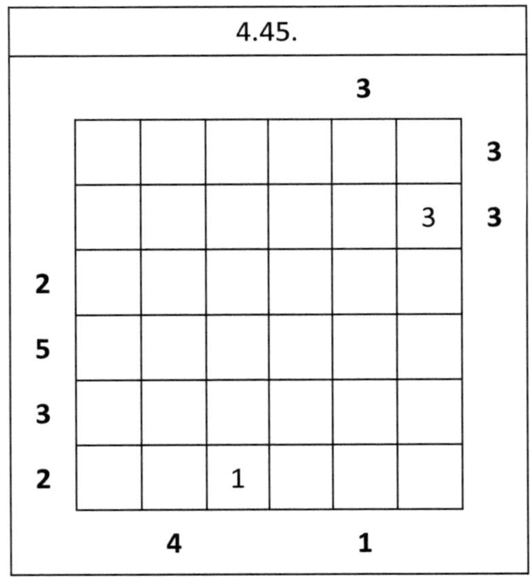

4.45.

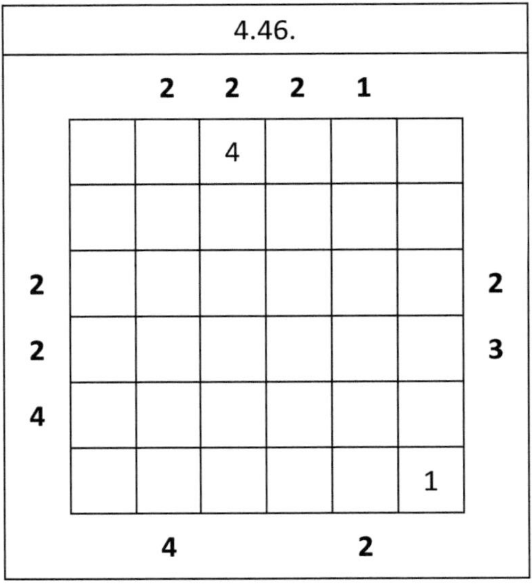

4.46.

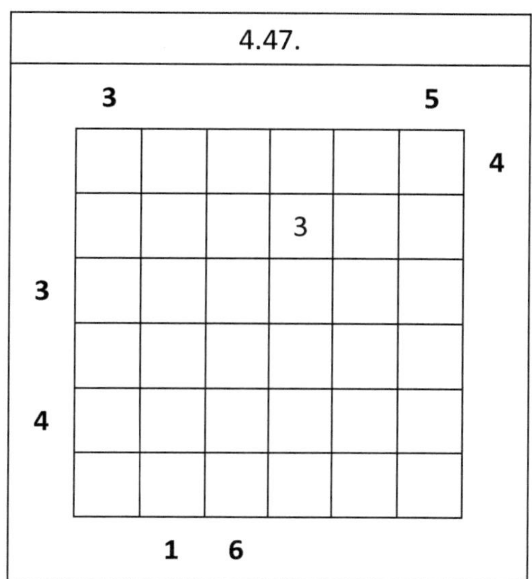

4.47.

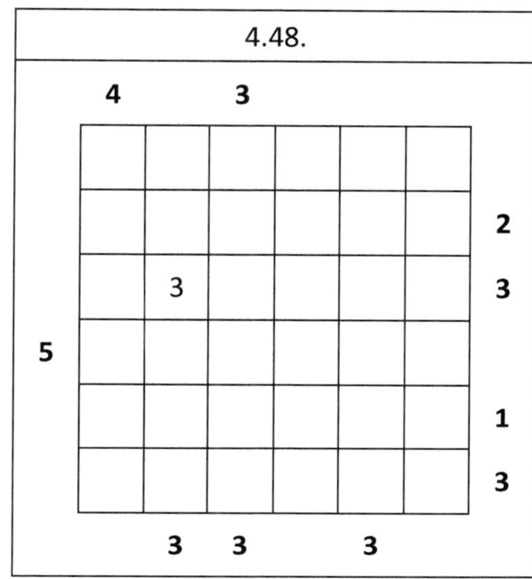

4.48.

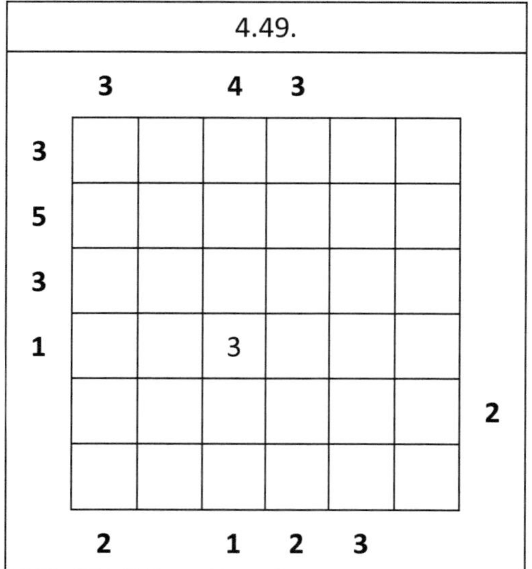

4.49.

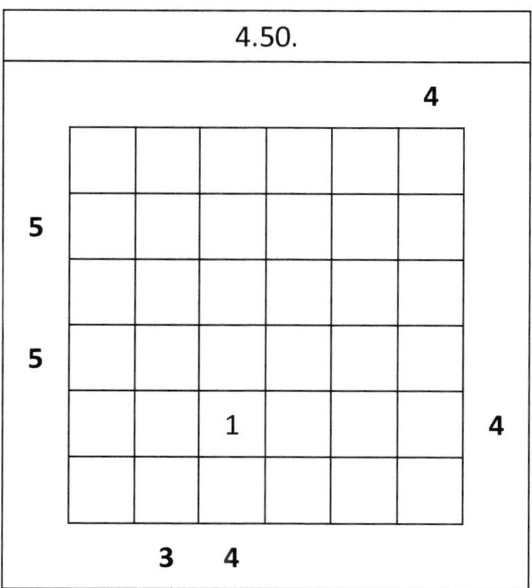

4.50.

<u>**5. Nachbarn**</u>

Gegeben ist ein Zahlenfeld. In den Feldern müssen die Lösungszahlen richtig verteilt werden. Die Lösungszahlen orientieren sich an der Anzahl der Zeilen und Spalten. Ein Zahlenfeld mit 5x5 Feldern impliziert beispielsweise die Lösungszahlen 1 bis 5. Jede Zahl ist pro Zeile und Spalte einmal vorhanden.
Die Felder sind teilweise durch dicke Linien getrennt. Die Differenz der Zahlen zweier waagerechter oder senkrechter Nachbarn mit einer dicken Trennlinie beträgt eins. Eine normale Trennlinie steht für eine Differenz größer als eins.

Die Lösung zu den Aufgaben befindet sich auf den Seiten 104-106.

5.01. - 5.10. Zahlenfeld 5x5 (schwer)

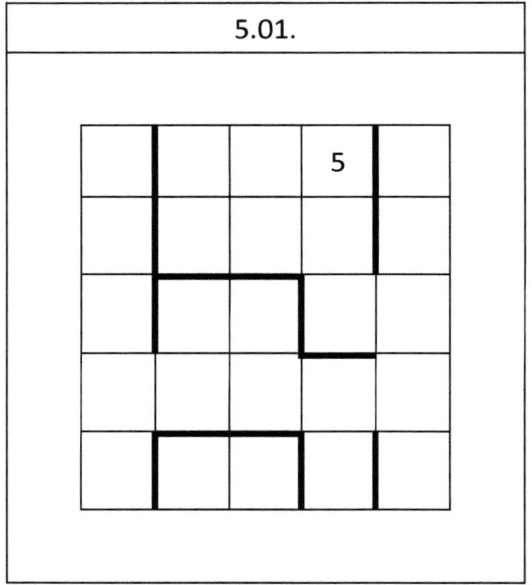

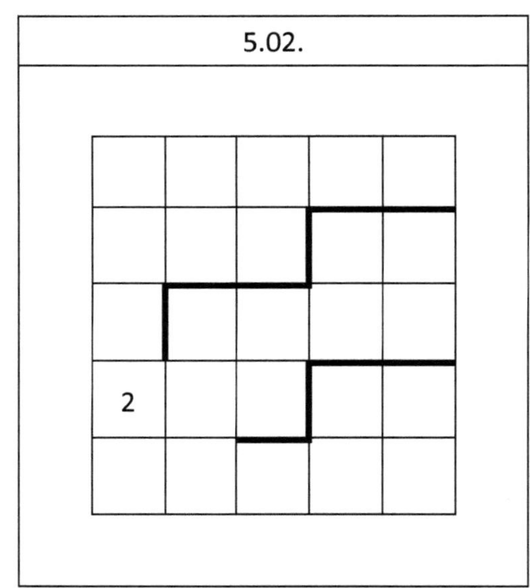

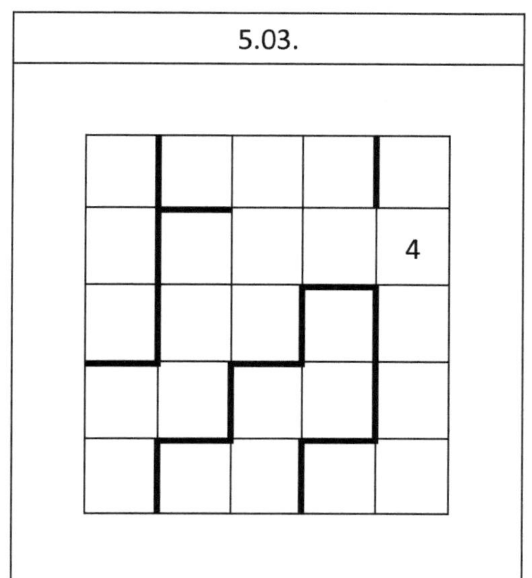

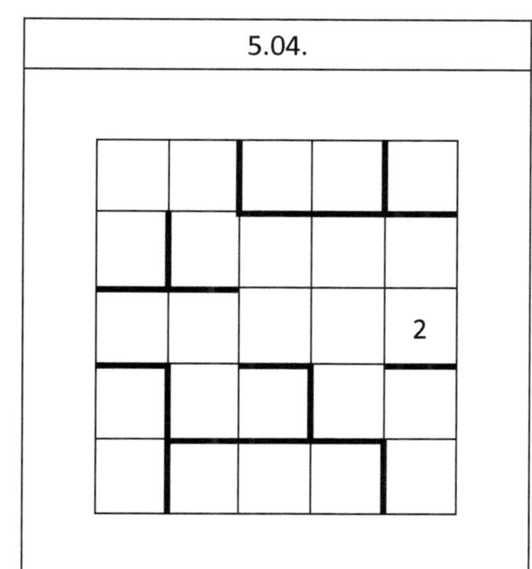

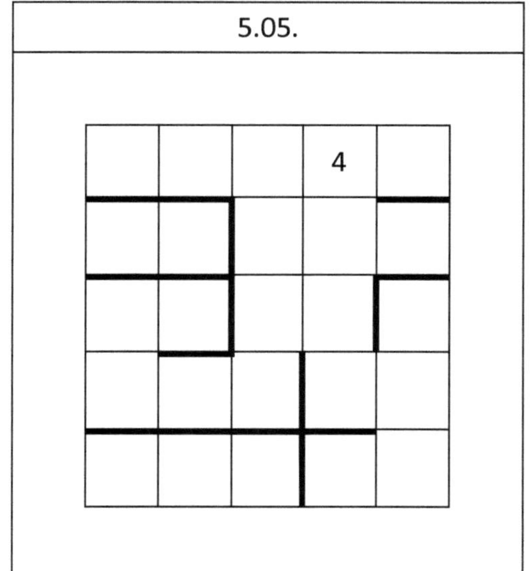

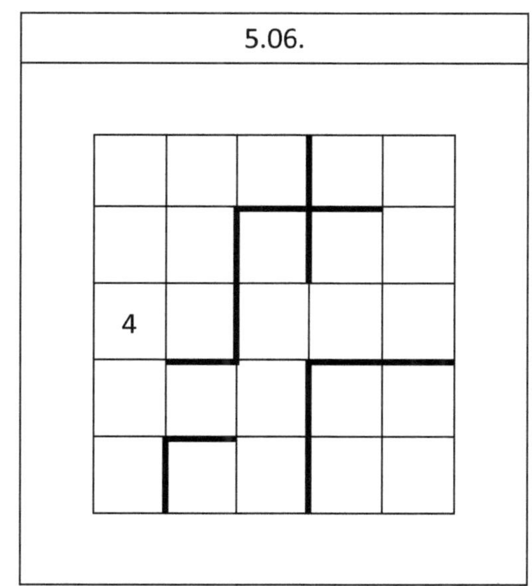

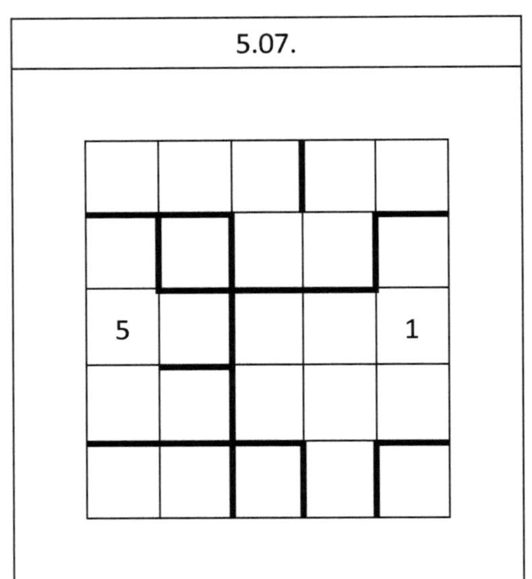

5.07.

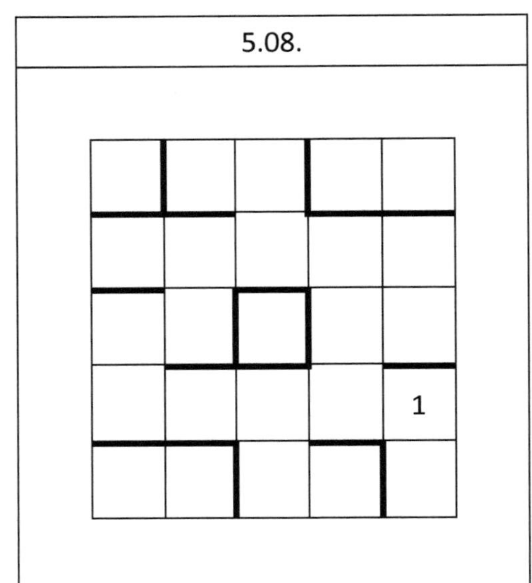

5.08.

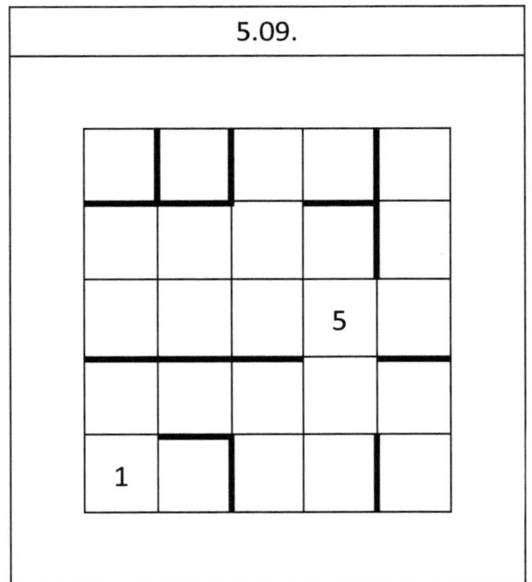

5.09.

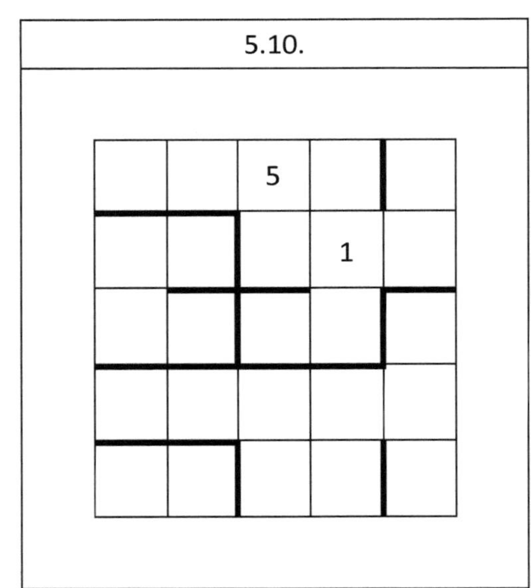

5.10.

5.11. - 5.20. Zahlenfeld 6x6 (schwer)

5.11.

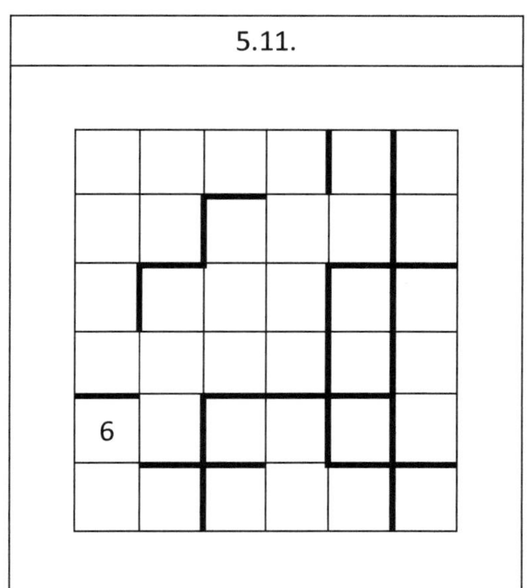

5.12.

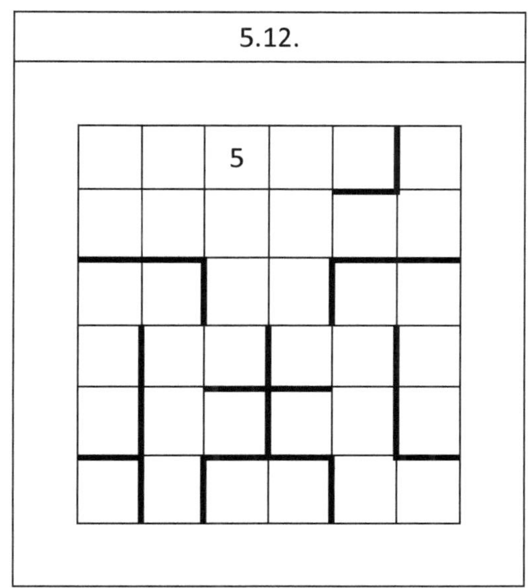

5.13.

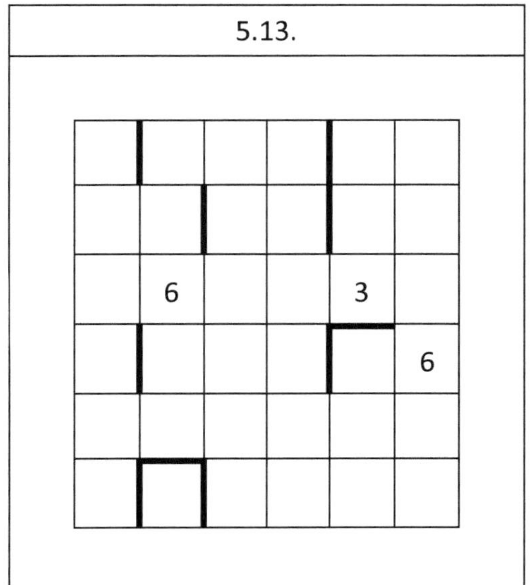

5.14.

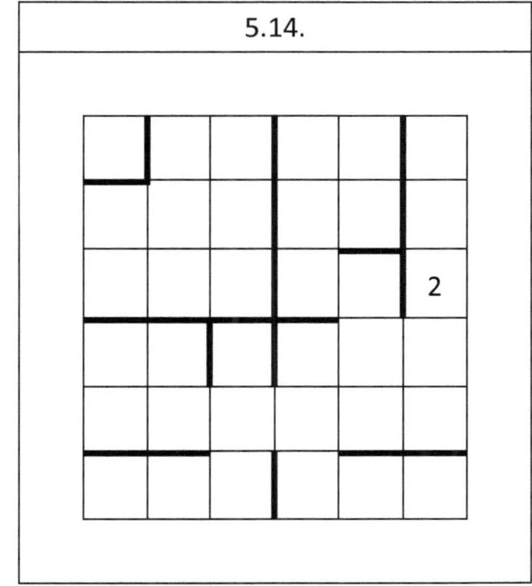

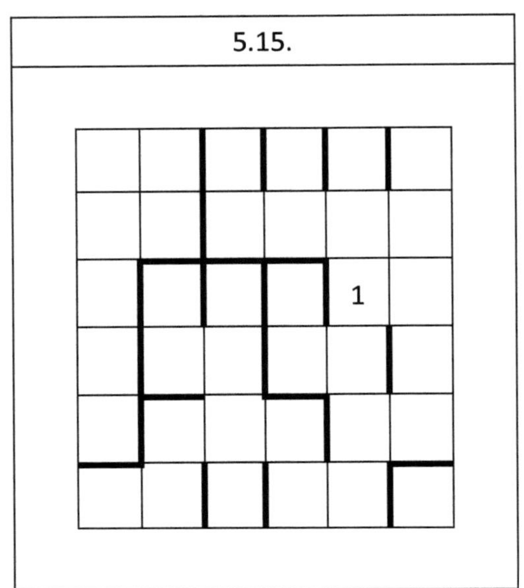

5.15.

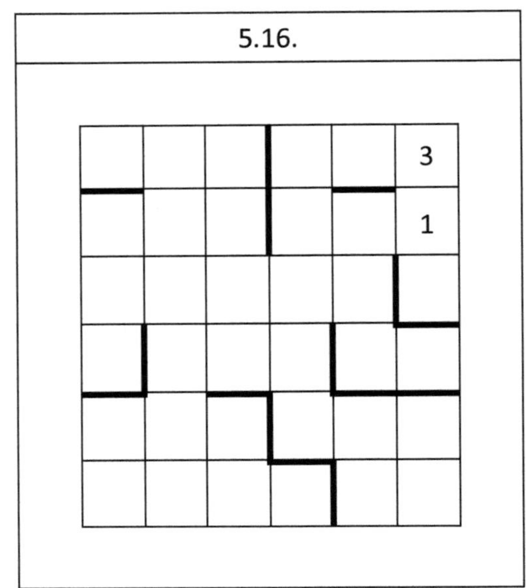

5.16.

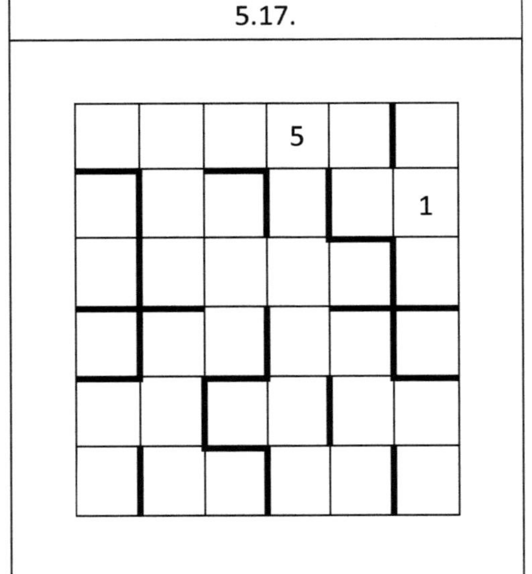

5.17.

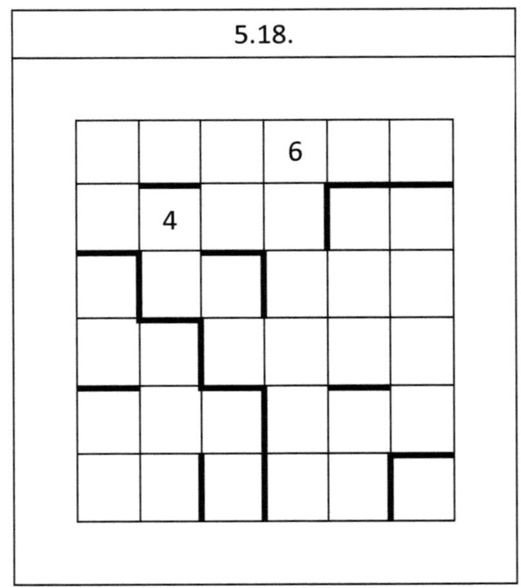

5.18.

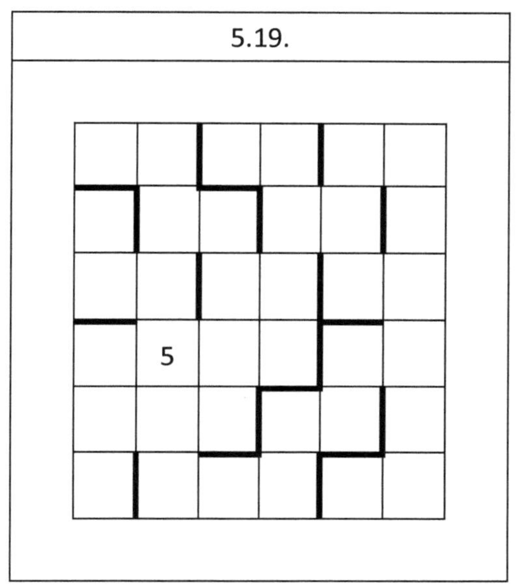

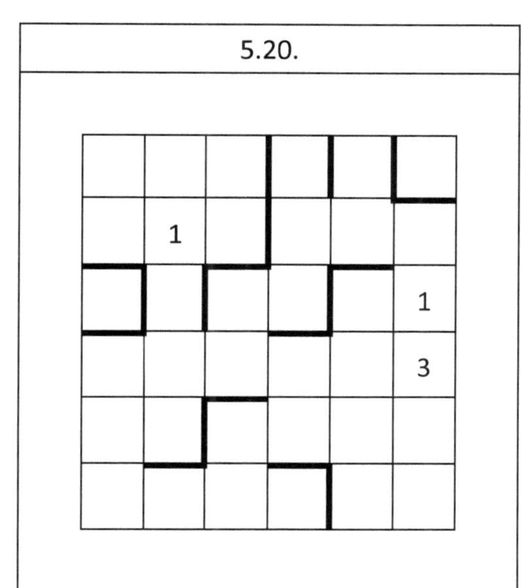

5.21. - 5.30. Zahlenfeld 7x7 (schwer)

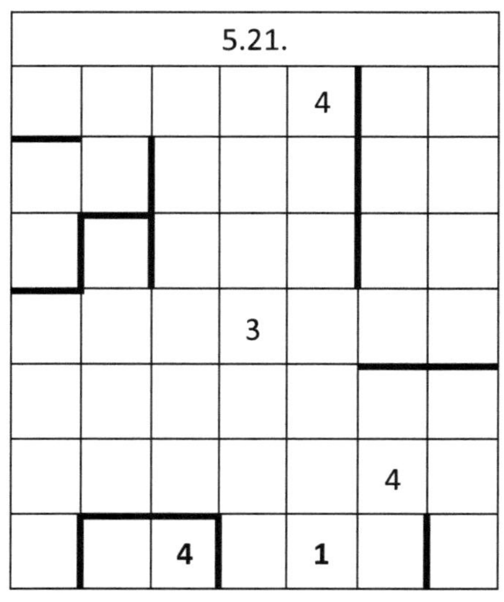

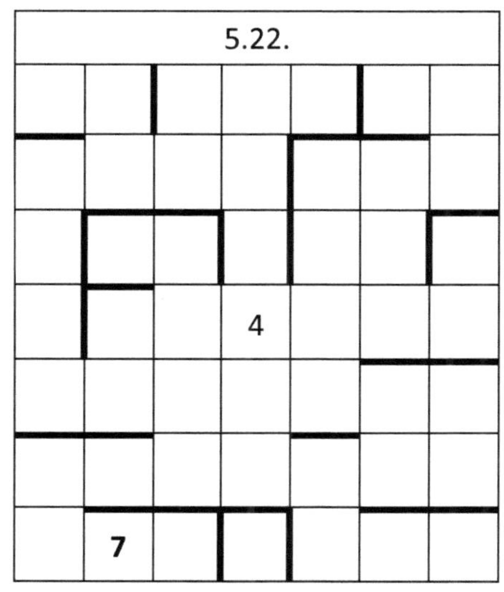

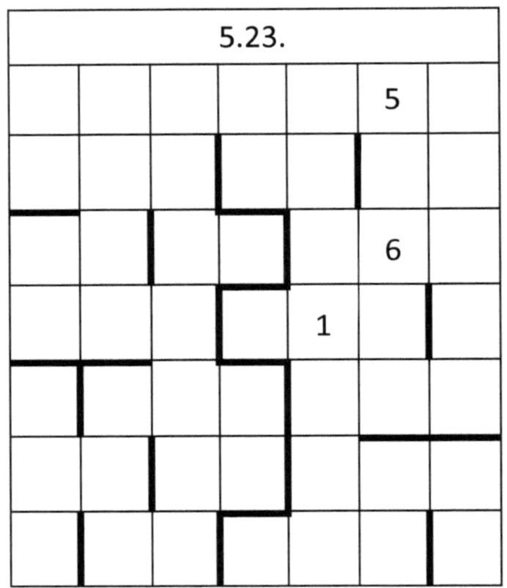

5.23.

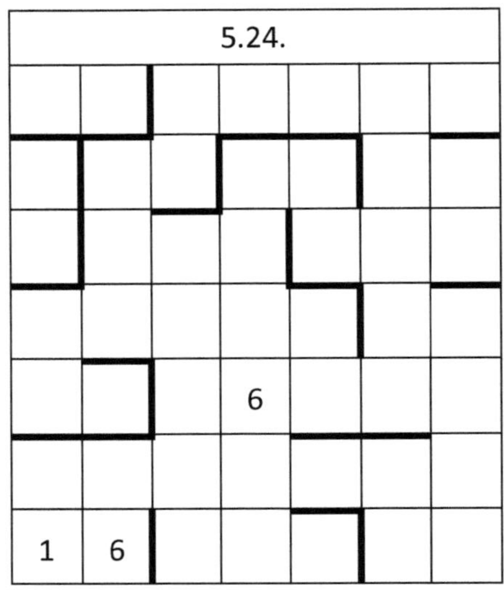

5.24.

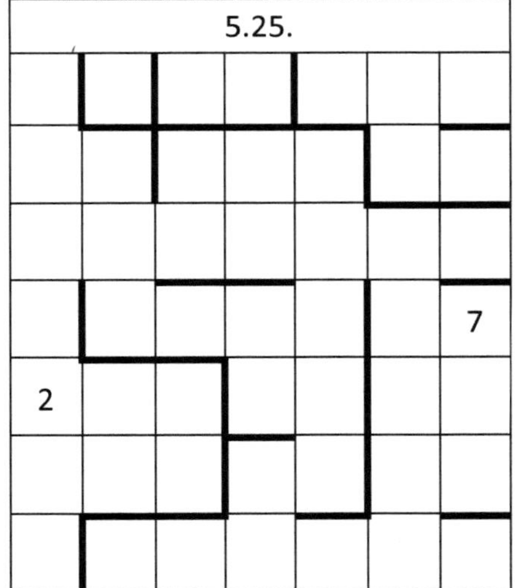

5.25.

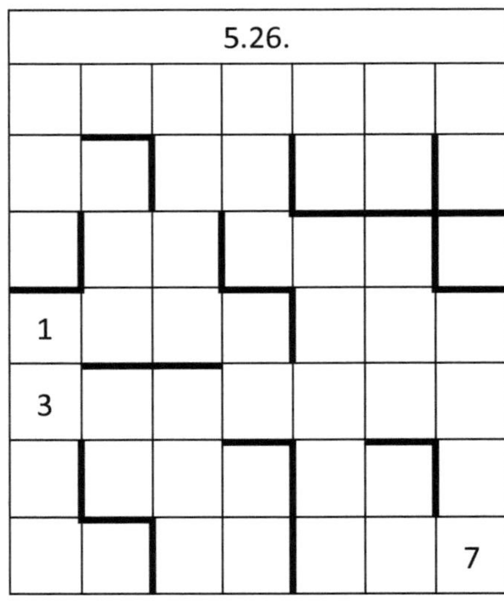

5.26.

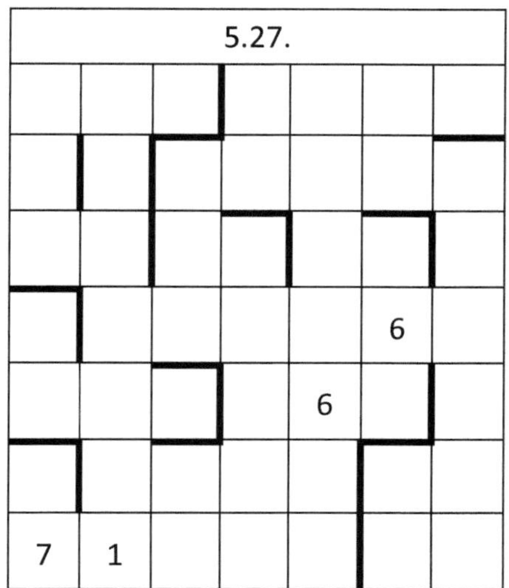

5.27.

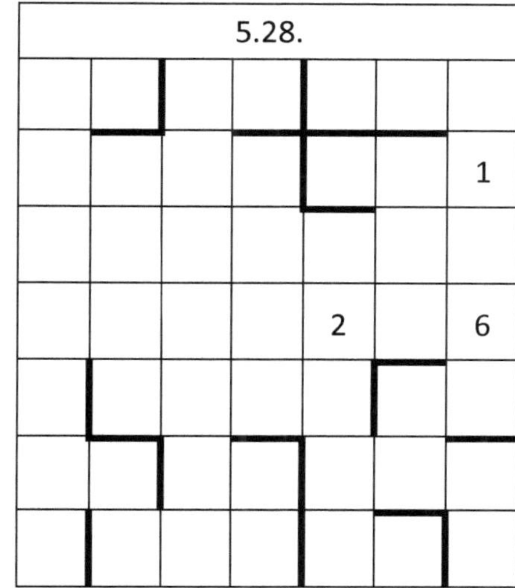

5.28.

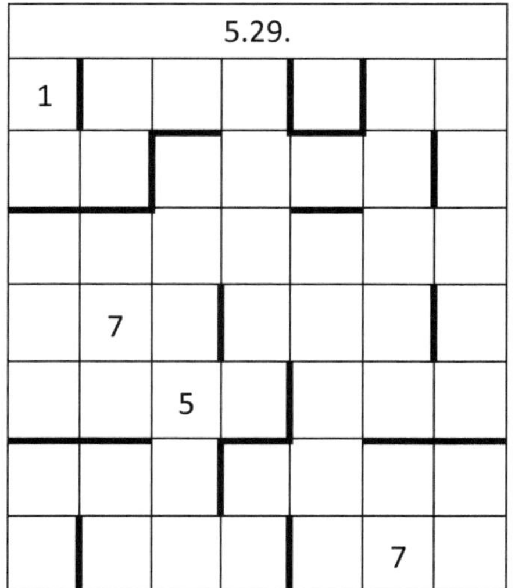

5.29.

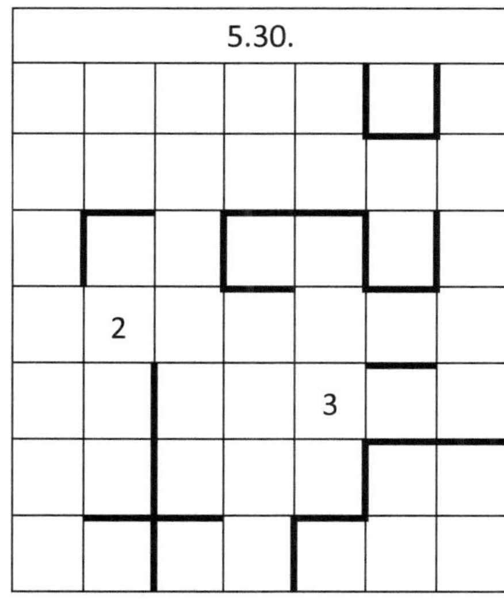

5.30.

Tipp

1.01. zweiter Satz	1.02. erster und letzter Satz
1.03. zweiter Satz	1.04. erster und dritter Satz
1.05. zweiter und dritter Satz	1.06. erster und letzter Satz
1.07. dritter und fünfter Satz	1.08. zweiter und dritter Satz
1.09. erster und letzter Satz	1.10. vierter und fünfter Satz
1.11. zweiter Satz	1.12. erster Satz
1.13. erster und zweiter Satz	1.14. zweiter und vierter Satz
1.15. erster und dritter Satz	1.16. dritter Satz
1.17. vierter Satz	1.18. erster und vierter Satz
1.19. zweiter und dritter Satz	1.20. zweiter und vierter Satz
1.21. erster Satz	1.22. erster, zweiter und fünfter Satz
1.23. zweiter und vierter Satz	1.24. vierter Satz
1.25. zweiter und vierter Satz	1.26. zweiter und dritter Satz
1.27. ersten drei Sätze	1.28. erster und zweiter Satz
1.29. erster und vierter Satz	1.30. zweiter und dritter Satz
1.31. alle Sätze	1.32. erster, zweiter und vierter Satz
1.33. zweiter und vierter Satz	1.34. erster und zweiter Satz
1.35. dritter und vierter Satz	1.36. zweiter Satz
1.37. erster und fünfter Satz	1.38. zweiter und fünfter Satz
1.39. zweiter und fünfter Satz	1.40. erster und fünfter Satz
1.41. dritter und fünfter Satz	1.42. zweiter Satz
1.43. zweiter und vierter Satz	1.44. erster und fünfter Satz
1.45. erster und vierter Satz	1.46. dritter und fünfter Satz
1.47. zweiter und vierter Satz	1.48. erster und vierter Satz
1.49. zweiter und vierter Satz	1.50. erster und dritter Satz
1.51. dritter und fünfter Satz	1.52. zweiter und dritter Satz
1.53. erster Satz	1.54. zweiter und vierter Satz
1.55. vierter Satz	1.56. dritter und fünfter Satz
1.57. erster und fünfter Satz	1.58. erster und zweiter Satz
1.59. vierter Satz	1.60. erster und sechster Satz

2.01. $2a=7+1$	2.02. $a/2=7+5$	2.03. $a-a/2=9-3$
2.04. $a=11-10$	2.05. $4x6-a=19$	2.06. $3a=2+1x5x2$
2.07. $(a+1)x(a-1)=9x7$	2.08. $11+7-1-a=2x10$	2.09. $a+2a=15$
2.10. $a/2+1=8-(-3)$	2.11. $4a=20+28$	2.12. $a-5=1+9/5-a=1+9$

2.13. -6+(-4)=2a   2.14. (6+2+(-4))/2 x a=32
2.15. a/2x3=21   2.16. 4a x a/2=32   2.17. a+3a=a
2.18. a-13=10+(-5)   2.19. (a-5)x2=8/(5-a)x=8
2.20. a/2x2=40-20

2.21. a/2/2=3+b, 5b=a/2   2.22. a+5+b=2b, 9/3=a+b
2.23. ab=-20, (a+b)x2x6=a x -3   2.24. 3b/2=a, (a-b)x-1=-6
2.25. b-a=-3a, -a=a+b   2.26. b/2-a/3=0, a+27=0
2.27. (-a x 5)/2=-4+b, -2a+1=b   2.28. (-3a+-5b)x-2=b+21,-a+b+4+(-2)=b
2.29. a=b+15+(-1), 2a=(b+(-1))x(-1)   2.30. 2a+4=3b-1, 9-b=a-1
2.31. (b+1)x2=8a/3x2, 2a+1=b   2.32. (a+1)x2=-b, a+b=2
2.33. 4a=b, a+b=5a   2.34. (-5+a+3)/2=2b, (b-1)x2=a
2.35. (a+b+3)x3=33, (-a)x2=b/2-1 2.36. -8/2+b/3=a, 6x3+a=b
2.37. 5-a=b, -9-(-a)=b   2.38. a+20-b=b, 10-4a=b
2.39. a+3+(-6)=-1x-2 x b,(a+b)/2= 2b-1   2.40. 9-b=5, -10+b=a

2.41. 4c=b+3a, c=a/3, c=a/2+1
2.42. c=-2a-b, -c+a=-b-1, 3(a+b)=4c-1
2.43. b-c=9, (a+b)/2=3c-1, (b-2a)x-1=c+1
2.44. 3+-a-(-c)=3b, 2b+a=c, -2c=4a
2.45. b/a=4, 4=c+3+(-8), 3a-5=b
2.46. b=c+1, b+c=a, 2x3x5/2=a
2.47. (a+b)/2=3a, (b-1)/2-1=a, (a+b+c)/-7=3
2.48. b-a=3, b+a=1, 5b=c, c>0
2.49. −b/a=19, 3c=b+4a, a+c+30=b
2.50. a-2b=9, -3b-c=2b+(-5)x2, 2c+1=a
2.51. 2b=-3c+1, -b+1=a, -a+b=-3c
2.52. 7x5=a+b, 100-a-c-40=3b, -a/-5=-c-1
2.53. a+c=b, 0-c=3, ac=c
2.54. 4(b+c)=a, -c+a+b=3b, 9(b+c)=3b
2.55. a=b+1, a=c-1, a+b+c=15
2.56. b+3=c, 2b=c+2, abc=120
2.57. 2b+(-c)=a, 2c=(a+4)/2, (b+c)/3=4
2.58. b+c=8-1, c-b=a, a/(b-1)=-3
2.59. a=2x5, b=a-8, c=2b
2.60. c-2a-(-2b)=0, 2b+a=c/4, c-1=2a+1

Als Tipp erhalten Sie einen möglichen ersten Schritt der Zeilen, Spalten oder Diagonalen. Bei den Diagonalen steht der Beginn der Reihe entsprechen: lu (links unten, lo (links oben), ru (rechts unten) und ro (rechts oben.

3.01. (4,5,6,7) Zeile 3, Spalte 2

3.02. (6,9,12) Diagonale ru, Spalte 1

3.03. (2,3,5,7,11) Zeile 4, Spalte 1

3.04. (-2,0,2,4) Diagonale lu, Zeile 1

3.05. (0,1,2,3,4) Diagonale lo, Zeile 3

3.06. (-5,-3,-1) Diagonale ro, Zeile 1

3.07. (11,13,17,19) Zeile 3, Spalte 2

3.08. (3,6,9,12,15) Spalte 4

3.09. (-3,-2,-1,0) Zeile 4, Spalte 3

3.10. (5,7,9,11) Zeile 3, Spalte 3

3.11. (2,3,4,5) Diagonale ru, Spalte 2

3.12. (-3,3,6,9,12) Zeile 4, Spalte 2

3.13. (3,5,7,11) Diagonale ro, Spalte 5

3.14. (0,1,2,3,4,5,6,7) Diagonale lo, Spalte3

3.15. (-5,0,5,10,15) Spalte 4

3.16. (1,2,3,4,5,6) Diagonale ro, Spalte 5

3.17. (7,11,13,17,19) Zeile 4, Spalte 1

3.18. (-4,-3,-2,-1) Diagonale ru/lo, Spalte 4

3.19. (0,2,4) Zeile 4

3.20. (7,8,9,10,11,12,13) Spalte 4

3.21. (-3,-1,1,3,5) Diagonale ro, Zeile 2

3.22. (11,13,17,19,23) Diagonale ru, Zeile 5

3.23. (1,2,3,4,5,6,7,8) Zeile 1, Spalte 2

3.24. (-3,-2,-1,0,1) Diagonale lo, Zeile 5

3.25. (6,12,18) Diagonale ru und lu

3.26. (0,1,2,3,4) Diagonale ro, Zeile 4

3.27. (-5,-3,-1,1,3,5) Zeile 2, Spalte 1

3.28. (1,2,4,5,7,8) Diagonale lu

3.29. (2,3,4,5,6,7,8) Zeile 3, Spalte 5

3.30. (-2,-1,1,2,3,5) Zeile 4, Spalte 2

3.31. (4,5,6,7,8,9) Zeile 5, Spalte 5

3.32. (2,3,5,7,11,13,17) Diagonale lu, Zeile 3

3.33. (4,6,7,8,9,11,12) Zeile 6, Spalte 3

3.34. (-4,-2,0,2) Diagonale ru, Zeile 6

3.35. (2,4,5,7,8,10) Diagonale ru, Zeile 6

3.36. (-5,-3,-1,1,3) Zeile 6

3.37. (-1,1,2,4,5) Zeile 2

3.38 (6,9,12,15,18) Zeile 2, Diagonale lu

3.39. (11,13,17,19,23) Zeile 6, Spalte 4

3.40. (1,2,3,4,5,6,7,8,9,10)Diagonale lo,Zeile1

3.41. (-4,-3,-2,-1,0,1,2) Diagonale ru, Spalte 1

3.42. (0,4,8,12) Diagonale ro,

3.43. (2,4,5,7,8,10,11) Zeile 2, Spalte 6

3.44. (2,3,5,7,11,13) Zeile 2, Spalte 2

3.45. (-4,-2,0,2,4,6) Diagonale lu, Zeile 5

3.46. (1,2,4,5,7,8,10) Zeile 5, Spalte 3

3.47. (8,9...18,19) Zeile 1, Diagonale ro

3.48. (-3,-1,1,3,5,7,9,11,13) Zeile 1, Spalte 1

3.49. (1,2,3,4,5,6) Zeile 4, Spalte 1

3.50. (0,3,6,9,12,15) Diagonale ru,

Lösung

1.01. 7241	1.02. 3854	1.03. 2246	1.04. 2237	1.05. 1026
1.06. 3947	1.07. 6524	1.08. 2543	1.09. 0258	1.10. 2971
1.11. 5904	1.12. 4183	1.13. 1270	1.14. 5852	1.15. 8911
1.16. 1682	1.17. 0335	1.18. 1762	1.19. 3791	1.20. 2028
1.21. 22822	1.22. 39498	1.23. 42385	1.24. 68092	1.25. 05239
1.26. 46735	1.27. 63725	1.28. 56789	1.29. 42753	1.30. 99181
1.31. 33333	1.32. 35912	1.33. 91438	1.34. 73052	1.35. 04386
1.36. 48917	1.37. 36169	1.38. 47531	1.39. 35725	1.40. 79401
1.41. 713468	1.42. 587016	1.43. 494908	1.44. 231584	1.45. 995107
1.46. 732554	1.47. 386515	1.48. 201976	1.49. 520473	1.50. 216456
1.51. 918253	1.52. 798980	1.53. 905571	1.54. 835457	1.55. 578019
1.56. 572548	1.57. 299194	1.58. 305939	1.59. 580142	1.60. 523460

2.01. a=4	2.02. a=24	2.03. a=12	2.04. a=1	2.05. a=5
2.06. a=4	2.07. a=8, -8	2.08. a=-3	2.09. a=5	2.10. a=20
2.11. a= 12	2.12. a=15/-5	2.13. a=-5	2.14. a=16	2.15. a=14
2.16. a=4, -4	2.17. a=0	2.18. a=18	2.19. a=9/1	2.20. a=20

2.21. a=20, b=2	2.22. a=-1, b=4	2.23. a=-4, b=5
2.24. a=18, b=12	2.25. a=-4, b=8	2.26. a=-27, b=-18
2.27. a=6, b=-11	2.28. a=2, b=1	2.29. a=4, b=-7
2.30. a=5, b=5	2.31. a=3, b=7	2.32. a=-4, b=6
2.33. 4a=b	2.34. a=-6, b=-2	2.35. a=-2, b=10
2.36. a=3, b=21	2.37. a=7, b=-2	2.38. a=0, b=10
2.39. a=13, b=5	2.40. a=-6, b=4	

2.41. a=-6, b=10, c=-2	2.42. a=5, b=-8, c=-2	2.43. a=9, b=13, c=4
2.44. a=-2, b=3, c=4	2.45. a=-5, b=-20, c=9	2.46. a=15, b=8, c=7
2.47. a=-7, b=-11, c=-3	2.48. a=-1, b=2, c=10	2.49. a=-2, b=38, c=10
2.50. a=11, b=1, c=5	2.51. a=8, b=-7, c=5	2.52. a=20, b=15, c=-5
2.53. a=1, b=-2, c=-3	2.54. a=-4, b=-3, c=2	2.55. a=5, b=4, c=6
2.56. a=3, b=5, c=8	2.57. a=12, b=8, c=4	2.58. a=15, b=-4, c=11
2.59. a=10, b=2, c=4	2.60. a=5, b=-1, c=12	

3.01.					3.02.					3.03.					3.04.					3.05.			
6	5	6	7		9	9	9	9		3	5	7	5		-2	2	-2	2		4	4	1	0
5	7	6	4		6	9	12	9		5	11	7	11		0	2	2	0		1	3	1	3
4	5	6	7		6	9	9			3	5	7	11		4	2	0	-2		0	2	4	0
7	7	4	4		6	9	9	9		5	2	5	2		2	4	2	0		2	1	2	3

3.06.					3.07.					3.08.					3.09.					3.10.			
-3	-1	-3	-1		11	11	11	13		15	9	12	3		-3	-2	0	-1		11	5	7	5
-1	-5	-5	-3		13	11	13	11		12	9	6	3		-2	-3	-2	-3		9	9	11	9
-3	-1	-1	-3		19	13	19	19		12	9	3	3		-1	-1	0	-1		9	9	7	9
-5	-5		-1		19	11	19	17		6	9	12	3		0	-1	-2	-3		7	7	11	5

3.11.						3.12.						3.13.						3.14.						3.15.				
3	2	5	3	5		12	-3		6	-3		7	3	11	7	3		5	4	6	1	3		10	10	5	0	0
2	4	3	4	5		-3	3	6	9	12		11	7	5	5	5		1	3	4	3	0		-5	15	5	0	10
2	3	3	4	4		9	6	12	12	-3		7	3	7	11	7		3	0	2	5	3		5	10	-5	0	15
3	2	3	4	5		3	9	-3	3	-3		5	11	5	3	5		7	6	0	7	6		15	10	5	0	-5

3.16.						3.17.						3.18.						3.19.						3.20.				
6	3	6	6	3		7	13	19	13	7		-1	-		-4	-4		2	0	4	4	0		11	7	13	7	7
6	1	4	1	6		11	17	11	17	11		-2	-1	-	-4	-3		2	4	0	2	4		8	13	12	9	10
6	5	1	6	6		7	7	13	13	7		-3	-2	-1	-	-4		2	4	2	4	2		7	7	11	11	7
1	1	3	5	6		11	19	11	19	11		-4	-4	-2	-2	-		0	0	0	0	0		10	13	10	13	10

3.21.						3.22.						3.23.						3.24.						3.25.				
5	5	5	5	5		23	17	23	17	23		7	3	7	3	7		1	1	-3	1	-3		18	6	12	6	6
-3	-1	1	3	5		11	19	13	19	17		6	1	2	6	2		0	1	-2	-3	-2		6	18	6	12	18
-1	-3	5	1	-1		23	19	17	13	11		8	1	5	7	8		1	1	1	0	-3		12	6	18	6	6
1	3	1	-1	-3		13	13	19	13	11		2	4	7	5	5		0	-3	-3	1	-3		6	12	6	18	12
5	1	5	1	5		11	13	11	13	11		3	1	3	1	3		-2	0	-2	0	0		6	12	18	12	18

3.26.				
2	0	2	4	0
1	1	0	1	1
2	2	2	2	2
4	3	4	2	4
4	2	2	1	1

3.27.				
5	3	5	3	3
3	5	3	5	3
1	3	3		-1
-1	5	-1	5	-1
-3	1	5	-1	3

3.28.				
4	5	4	5	4
5	8	5	2	5
4	5	4	5	4
5	2	5	8	5
4	5	4	5	4

3.29.				
8	8	2	8	7
8	2	3	8	5
6	5	4	3	2
2	3	2	5	2
8	4	2	8	2

3.30.				
-2	5	-2	5	5
-2	-1	-2	-2	2
-1	1	1	1	3
-1	2	-1	2	5
-1	5	2	5	3

3.31.				
5	4	9	4	5
7	4	8	5	5
9	8	7	6	5
7	4	6	7	5
5	7	5	7	5
7	4	4	6	5

3.32.				
13	7	13	7	13
17	5	7	5	2
5	3	5	7	5
2	5	2	5	2
13	7	3	17	11
2	5	17	2	3

3.33.				
6	4	9	7	12
12	11	12	4	6
9	11	9	7	9
6	7	9	4	7
4	4	6	7	8
6	4	6	4	6

3.34.				
2	2	-4	2	2
-4	2	-4	-2	2
2	-4	0	2	2
-4	2	2	0	-4
-4	0	-4	-2	-4
2	2	2	2	-2

3.35.				
10	2	2	5	2
7	4	2	10	2
4	5	2	4	2
2	4	2	10	5
5	2	2	5	1
2	4	2	4	2

3.36.				
1	-3	3	-5	-1
3	-1	3	-3	-5
-1	1	3	-3	-1
1	3	-1	1	3
-5	1	-3	3	-1
3	3	3	3	3

3.37.				
2	5	2	5	2
1	-1	1	-1	1
4	4	2	4	-1
5	4	1	-1	1
-1	4	2	1	2
1	2	1	5	2

3.38.				
15	6	9	6	6
18	9	18	9	18
9	6	15	6	9
12	9	6	18	15
9	6	9	6	9
6	9	6	9	9

3.39.				
13	13	19	13	11
11	17	19	17	23
13	19	11	13	17
11	11	19	17	11
19	23	11	13	11
11	11	11	17	11

3.40.				
10	8	6	4	2
9	10	8	7	10
8	2	5	10	2
7	8	9	8	7
6	10	3	10	10
5	9	7	9	1

3.41.					
2	1	2	1	-4	2
1	2	-1	0	-4	-2
0	1	2	1	2	1
-1	2	-1	2	-1	2
-2	1	2	1	2	2
-3	2	1	2	1	2

3.42.					
4	8	8	0	4	0
0	4	0	4	12	8
4	0	4	0	4	0
0	4	12	4	12	0
4	0	4	8	4	8
12	4	8	0	12	4

3.43.					
5	4	5	8	5	2
11	4	11	4	11	4
11	8	5	8	5	2
4	10	11	4	11	4
11	8	5	8	5	2
4	2	11	4	11	4

3.44.					
5	2	7	13	5	13
2	3	5	7	11	13
11	5	2	13	7	3
5	7	5	3	5	3
3	11	3	11	5	5
7	13	7	13	7	13

3.45.					
-4	-2	6	-2	-4	-2
-4	-4	4	4	-4	0
4	-4	6	-2	-4	6
0	-2	-4	-2	0	2
6	0	6	4	6	4
-4	-2	4	2	-2	-4

3.46.					
7	4	1	4	7	10
2	1	2	1	2	1
1	1	4	1	1	2
2	1	5	2	2	4
	5	7	7	1	5
8	7	8	7	8	7

3.47.					
17	13	17	13	17	13
16	12	10	11	8	19
12	11	12	9	17	8
11	10	8	11	8	10
10	9	11	13	17	19
8	8	9	11	8	8

3.48.					
7	5	3	1	-1	-3
-3	9	13	13	-3	13
-1	5	-1	-3	11	5
-3	1	-3	1	-3	1
-1	-3	-1	-3	-1	-3
-3	1	-3	1	-3	1

3.49.					
6	1	1	1	1	4
5	5	5	3	5	1
4	3	6	2	1	5
3	5	3	5	3	5
2	6	2	2	4	2
1	2	4	5	6	3

3.50					
3	15	0	3	15	0
0	3	0	3	12	6
9	15	3	0	9	15
0	15	0	3	6	9
0	6	12	15	3	15
0	15	12	15	0	3

4.01.			
2	1	3	4
3	2	4	1
1	4	2	3
4	3	1	2

4.02.			
3	2	1	4
4	1	2	3
2	4	3	1
1	3	4	2

4.03.			
4	3	2	1
2	1	3	4
1	2	4	3
3	4	1	2

4.04.			
1	3	4	2
4	2	1	3
2	1	3	4
3	4	2	1

4.05.			
3	4	1	2
2	1	4	3
1	2	3	4
4	3	2	1

4.06.			
4	2	1	3
1	3	4	2
2	1	3	4
3	4	2	1

4.07.			
3	2	1	4
1	4	3	2
4	3	2	1
2	1	4	3

4.08.			
2	3	4	1
4	1	3	2
3	2	1	4
1	4	2	3

4.09.			
3	4	2	1
4	2	1	3
1	3	4	2
2	1	3	4

4.10.			
3	1	4	2
4	3	2	1
2	4	1	3
1	2	3	4

4.11.				
2	3	1	4	5
5	4	3	2	1
1	5	4	3	2
4	2	5	1	3
3	1	2	5	4

4.12.				
5	4	2	1	3
3	2	1	4	5
1	5	3	2	4
2	3	4	5	1
4	1	5	3	2

4.13.				
4	5	2	1	3
3	2	1	5	4
2	1	4	3	5
1	3	5	4	2
5	4	3	2	1

4.14.				
5	3	4	2	1
3	4	5	1	2
4	2	1	3	5
1	5	2	4	3
2	1	3	5	4

4.15.				
2	5	4	1	3
1	4	3	5	2
4	3	5	2	1
3	1	2	4	5
5	2	1	3	4

4.16.				
1	4	3	5	2
4	5	1	2	3
5	3	2	4	1
2	1	5	3	4
3	2	4	1	5

4.17.				
2	3	5	1	4
3	5	4	2	1
4	1	2	5	3
1	2	3	4	5
5	4	1	3	2

4.18.				
4	1	2	5	3
3	2	1	4	5
2	5	3	1	4
5	3	4	2	1
1	4	5	3	2

4.19.				
2	1	3	5	4
1	5	4	3	2
5	4	2	1	3
4	3	5	2	1
3	2	1	4	5

4.20.				
1	5	4	3	2
4	3	5	2	1
3	2	1	5	4
2	1	3	4	5
5	4	2	1	3

4.21.				
3	5	4	1	2
5	1	3	2	4
1	2	5	4	3
4	3	2	5	1
2	4	1	3	5

4.22.				
3	5	4	1	2
5	1	2	3	4
4	3	5	2	1
1	2	3	4	5
2	4	1	5	3

4.23.				
2	1	4	3	5
5	2	1	4	3
4	5	3	2	1
1	3	2	5	4
3	4	5	1	2

4.24.				
2	3	1	4	5
4	5	3	2	1
5	2	4	1	3
3	1	2	5	4
1	4	5	3	2

4.25.				
3	2	5	4	1
2	1	3	5	4
4	5	2	1	3
1	3	4	2	5
5	4	1	3	2

4.26.				
5	1	4	2	3
3	5	2	1	4
1	2	3	4	5
4	3	1	5	2
2	4	5	3	1

4.27.					4.28.					4.29.					4.30.				
1	4	5	2	3	3	5	4	2	1	1	3	2	4	5	3	5	1	4	2
5	3	2	4	1	5	1	3	4	2	4	1	5	3	2	4	3	2	1	5
3	2	1	5	4	1	4	2	5	3	2	4	3	5	1	2	1	5	3	4
2	1	4	3	5	4	2	1	3	5	5	2	4	1	3	5	4	3	2	1
4	5	3	1	2	2	3	5	1	4	3	5	1	2	4	1	2	4	5	3

4.31.						4.32.						4.33.					
3	4	2	5	1	6	3	5	2	4	1	6	6	4	1	3	2	5
4	5	1	6	2	3	6	4	3	2	5	1	5	1	3	6	4	2
6	3	5	1	4	2	5	6	1	3	4	2	1	5	6	2	3	4
1	2	6	4	3	5	1	2	5	6	3	4	4	3	2	1	5	6
5	1	3	2	6	4	4	1	6	5	2	3	2	6	4	5	1	3
2	6	4	3	5	1	2	3	4	1	6	5	3	2	5	4	6	1

4.34.						4.35.						4.36.					
5	2	4	6	1	3	2	3	6	1	4	5	3	2	6	5	1	4
1	6	3	5	4	2	5	2	1	4	3	6	1	6	5	4	3	2
6	4	1	2	3	5	1	5	3	2	6	4	5	4	1	6	2	3
3	5	6	1	2	4	6	1	4	3	5	2	4	1	2	3	6	5
4	1	2	3	5	6	3	4	5	6	2	1	6	3	4	2	5	1
2	3	5	4	6	1	4	6	2	5	1	3	2	5	3	1	4	6

4.37.					
6	5	3	4	1	2
5	1	4	3	2	6
1	3	2	5	6	4
4	6	5	2	3	1
3	2	1	6	4	5
2	4	6	1	5	3

4.38.					
6	1	4	5	3	2
2	3	1	6	4	5
4	6	2	3	5	1
3	2	5	4	1	6
5	4	6	1	2	3
1	5	3	2	6	4

4.39.					
3	1	4	5	2	6
1	2	3	4	6	5
2	6	5	1	4	3
6	3	1	2	5	4
5	4	6	3	1	2
4	5	2	6	3	1

4.40.					
3	2	5	1	4	6
6	4	3	5	1	2
4	6	1	2	3	5
1	5	2	4	6	3
2	1	6	3	5	4
5	3	4	6	2	1

4.41.					
5	3	6	4	1	2
3	4	2	6	5	1
2	6	4	1	3	5
1	2	3	5	6	4
6	1	5	2	4	3
4	5	1	3	2	6

4.42.					
4	2	6	1	5	3
1	3	4	5	2	6
2	4	1	3	6	5
5	6	3	2	1	4
6	1	5	4	3	2
3	5	2	6	4	1

4.43.					
1	6	3	4	2	5
4	1	6	2	5	3
3	4	2	5	6	1
5	2	1	6	3	4
2	3	5	1	4	6
6	5	4	3	1	2

4.44.					
6	1	3	5	4	2
3	4	1	2	6	5
2	5	4	6	1	3
4	6	2	3	5	1
1	3	5	4	2	6
5	2	6	1	3	4

4.45.					
6	5	3	1	2	4
1	6	2	4	5	3
5	4	6	2	3	1
2	3	4	5	1	6
3	1	5	6	4	2
4	2	1	3	6	5

4.46.					
1	5	4	3	6	2
4	6	1	2	3	5
5	4	2	6	1	3
3	1	6	5	2	4
2	3	5	1	4	6
6	2	3	4	5	1

4.47.					
2	3	6	5	4	1
4	1	5	3	6	2
1	5	4	6	2	3
6	2	3	4	1	5
3	4	2	1	5	6
5	6	1	2	3	4

4.48.					
2	6	4	3	5	1
3	1	5	6	2	4
5	3	6	1	4	2
1	2	3	4	6	5
4	5	1	2	3	6
6	4	2	5	1	3

4.49.					
2	5	1	4	6	3
1	3	4	5	2	6
3	2	5	6	1	4
6	4	3	2	5	1
4	6	2	1	3	5
5	1	6	3	4	2

4.50.					
5	4	6	2	3	1
1	2	4	5	6	3
3	6	5	1	2	4
2	1	3	4	5	6
6	5	1	3	4	2
4	3	2	6	1	5

5.01.				
2	1	3	5	4
4	3	5	1	2
1	2	4	3	5
3	5	2	4	1
5	4	1	2	3

5.02.				
3	1	5	2	4
1	4	2	3	5
4	3	1	5	2
2	5	3	4	1
5	2	4	1	3

5.03.				
5	4	1	3	2
2	3	5	1	4
4	5	3	2	1
3	1	2	4	5
1	2	4	5	3

5.04.				
1	5	4	2	3
3	2	5	1	4
4	1	3	5	2
5	4	2	3	1
2	3	1	4	5

5.05.				
3	5	1	4	2
2	4	5	1	3
1	3	2	5	4
5	2	4	3	1
4	1	3	2	5

5.06.				
5	1	3	2	4
2	5	4	3	1
4	2	1	5	3
1	3	5	4	2
3	4	2	1	5

5.07.				
4	1	3	2	5
3	2	1	5	4
5	3	2	4	1
2	4	5	1	3
1	5	4	3	2

5.08.				
3	4	1	2	5
2	5	3	1	4
1	3	4	5	2
4	2	5	3	1
5	1	2	4	3

5.09.				
3	4	5	2	1
2	5	1	3	4
4	1	3	5	2
5	2	4	1	3
1	3	2	4	5

5.10.				
4	1	5	3	2
5	2	3	1	4
1	3	2	4	5
2	4	1	5	3
3	5	4	2	1

5.11.					
1	6	2	5	4	3
4	2	3	1	6	5
2	3	1	4	5	6
5	1	6	2	3	4
6	4	5	3	2	1
3	5	4	6	1	2

5.12.					
6	1	5	2	4	3
2	4	1	6	3	5
3	5	6	1	2	4
1	2	4	3	5	6
5	6	3	4	1	2
4	3	2	5	6	1

5.13.					
2	1	6	4	5	3
6	3	4	2	1	5
4	6	2	5	3	1
1	2	5	3	4	6
3	5	1	6	2	4
5	4	3	1	6	2

5.14.					
4	3	5	6	2	1
3	6	1	2	4	5
6	1	4	5	3	2
5	2	3	4	1	6
2	4	6	1	5	3
1	5	2	3	6	4

5.15.					
6	1	2	3	4	5
2	5	4	1	6	3
5	4	3	2	1	6
1	2	6	5	3	4
4	3	1	6	5	2
3	6	5	4	2	1

5.16.					
6	4	2	1	5	3
5	2	4	3	6	1
2	5	1	6	3	4
4	3	6	2	1	5
3	1	5	4	2	6
1	6	3	5	4	2

5.17.					
6	4	1	5	2	3
5	6	2	3	4	1
3	2	6	1	5	4
2	1	3	4	6	5
1	5	4	2	3	6
4	3	5	6	1	2

5.18.					
3	5	1	6	2	4
1	4	6	2	3	5
2	1	5	4	6	3
5	2	3	1	4	6
4	6	2	3	5	1
6	3	4	5	1	2

5.19.					
4	2	3	5	6	1
5	6	2	1	3	4
1	3	4	6	5	2
2	5	1	3	4	6
6	1	5	4	2	3
3	4	6	2	1	5

5.20.					
1	6	2	3	4	5
3	1	5	6	2	4
4	5	6	2	3	1
5	2	4	1	6	3
2	4	3	5	1	6
6	3	1	4	5	2

5.21.						
2	7	1	6	4	5	3
1	5	6	4	2	3	7
5	4	3	1	7	6	2
6	1	7	3	5	2	4
4	6	2	7	3	1	5
7	3	5	2	6	4	1
3	2	4	5	1	7	6

5.22.						
6	1	2	5	3	4	7
7	4	6	3	2	5	1
4	3	5	6	7	1	2
1	2	7	4	6	3	5
3	5	1	7	4	2	6
2	6	4	1	5	7	3
5	7	3	2	1	6	4

5.23.						
4	6	3	1	7	5	2
6	1	5	4	2	3	7
7	3	2	5	4	6	1
2	5	7	6	1	4	3
3	4	1	7	6	2	5
5	7	6	2	3	1	4
1	2	4	3	5	7	6

5.24.

2	5	4	1	7	3	6
3	4	1	2	6	5	7
6	7	2	5	4	1	3
7	1	6	3	5	4	2
4	2	3	6	1	7	5
5	3	7	4	2	6	1
1	6	5	7	3	2	4

5.25.

3	2	1	6	5	7	4
6	1	2	7	4	3	5
1	3	5	2	7	4	6
5	6	4	1	3	2	7
2	7	3	4	6	5	1
7	4	6	5	2	1	3
4	5	7	3	1	6	2

5.26.

5	2	7	3	6	4	1
7	3	4	1	2	6	5
2	1	6	7	3	5	4
1	4	2	6	5	7	3
3	5	1	4	7	2	6
6	7	3	5	4	1	2
4	6	5	2	1	3	7

5.27.

6	4	2	1	3	7	5
3	2	1	5	7	4	6
1	6	7	4	5	3	2
2	3	5	7	1	6	4
5	7	4	3	6	2	1
4	5	3	6	2	1	7
7	1	6	2	4	5	3

5.28.

1	3	4	6	5	2	7
7	4	2	5	6	3	1
5	2	6	3	7	1	4
3	5	1	7	2	4	6
6	7	3	1	4	5	2
4	6	5	2	1	7	3
2	1	7	4	3	6	5

5.29.

1	2	6	3	4	5	7
4	6	7	5	3	1	2
3	5	1	7	2	6	4
5	7	3	4	6	2	1
7	3	5	2	1	4	6
6	4	2	1	7	3	5
2	1	4	6	5	7	3

5.30.

6	1	7	5	2	3	4
3	7	5	1	4	2	6
7	6	1	2	5	4	3
4	2	6	3	1	5	7
1	5	4	7	3	6	2
5	3	2	4	6	7	1
2	4	3	6	7	1	5